We must be free not because we claim freedom,
but because we practice it.
——William Faulkner

自由を主張するからではなく、
それを実践するから自由なのだ。
——ウィリアム・フォークナー

こんだけ終わってる時代に育てば
何が問題なのかの本質とらえた今
少しずつ見えては来てる答えが
充分な知識と思考力備えた
新しい価値観 新しい発想 新しい立場 新しい学校
次の世代に当然合わせた焦点
で逞しい男になっていく少年

この現実の影響で GENERATION NEXT
情報化の成功で GENERATION NEXT
この現実の影響で GENERATION NEXT
情報化の成功で GENERATION NEXT

——「GENERATION NEXT」キングギドラ（2002年リリース『最終兵器』収録）

# はじめに

この日本においてずっと一万円札の顔であった福澤諭吉。彼の書いた『学問のすゝめ』を今でもみんなありがたがって崇拝しているようだが、個人的にずっと疑問に思っていることがある。それはあの有名な「天は人の上に人を造らず、人の下に人を造らず」という一節についてだ。

福澤はアメリカに行ったにもかかわらず、当時の奴隷制にまったく気づかなかったのかと不思議に思う。福澤がアメリカに渡ったその頃はちょうど南北戦争の直前であったのに、不思議だとは思うが、もしかしたら当時の福澤にはそういう部分が見えなかったのかもしれない（南北戦争は1861～1865年。福澤がアメリカに渡ったのは1860年）。

自分が1985年に渡米して人種差別というものを目撃したとき、失礼ながら福澤諭吉の目は節穴だったんじゃないかと思った。そして、現代の日本人がなんでそんな人の言葉をいまだにありがたがっているんだろう、と考えるようになった。

それからアメリカで生活をするうちに、日本におけるアメリカへの固定観念についてや、アメリカ人にとっての「自由」とはなにか、そして人権や公民権など、彼らが大切にする価値観に興味を持った。そこで約250年前に福澤諭吉が見落としたであろうことや、時が経ち、いまの日本で勘違いされてしまった解釈をあえてここで検証し直し、特に「学ぶ」ということについて現代向けに更新したい。それが運よく10代でアメリカに渡り、当時広まりつつあった「ヒップホップ」を現地で目撃することができた自分が、いまの日本に向けて貢献できることではないだろうか。

申し遅れたが、自分の名前はKダブシャイン。いまも昔もラッパーだ。1980年代の半ば、アメリカでヒップホップと出会い、ラッパーとしての人生がスタートし、いまも幸いなことにそのキャリアを継続している。90年代の日本の音楽シーンにヒップホップはまだほとんど浸透しておらず、ましてや「日本語でラップ」するということについてはほぼ確立されていなかった。その状況下で、自分は日本語を駆使して、日本語でラップすることを、いや日本語でラップできるということを証明した。その自負は大いにある。

中学生のころから洋楽好きだった自分がブラックミュージックの中でも特にラップにハマったのは、都会的な雰囲気だけではなく、それまで聴いたことのなかったラップやスクラッチ、ドラムマシーンの激しいサウンドや、スポーツブランドの服を上品に着こなしポーズをキメていた斬新なスタイルに、珍しいもの好きだった性格が敏感に反応したことがまずは大きかったと思う。そして、アメリカの学校に通い始めたタイミングで大ファンだったランDMCとビースティボーイズがMTVから爆発的にヒットし、その後の全米ライブツアー「トゥギャザー・フォーエバー」も成功を収めた。

それをきっかけにアメリカの若い黒人と白人がヒップホップを通じて仲良くしていき、人種差別が少なくなるさまを目の当たりにしたことで、ラッパーが自分を含めた若い世代に現実を音楽に乗せて伝えることで世の中を変えられる可能性を持っていると感じ、「学び、知る」ことで世界が良い方向に向かっていくと信じるようになった。

その後に続いたラッパーたちも「自尊心を持て」とか「地域を大切にしろ」というメッセージを歌にしたものを作り、貧しく機会に恵まれない場所に少しずつ希望を与える存在となることに感銘を受け、なれるものなら自分もラッパーになりたいと本気で憧れるようになった。

うちの実家は周りと比べても裕福じゃなかったし、いつも節約しろと親によく言われ、贅沢とはかけ離れた生活だった。特に幼少時は身体も弱く病気がちだったこともあって、医療費で貯金を使い果たしたと言われていたので、あまり物をねだることもなかった。

それでも「読みたい本がある」と言えば買い与えてもらえたし、本屋にもよく連れていかれた。そして高校生になって「アメリカに留学したい」と言ったら、なんとかやりくりして希望を叶えてもらえた。たとえ家にお金が無く、母子家庭で後ろ指をさされたとしても、将来恥をかかずに済むようにできるだけ良い教育を受けさせてから世の中に送り出したい、と母親は考えていたみたいだ。

結果的に学校の勉強はあまり好きでなかったからか、学歴はそこまで誇れるレベルには達しなかったものの、いま人前に出ても大勢の人がそこそこ自分の考えや話に耳を傾けてもらえるくらいになれたのは、ひとえに「教育」というもののおかげだと思っている。

アメリカで暮らし、英語を使えるようになったことで、読むものの幅も広がり、いろいろな国の人たちとコミュニケーションが取れるようになった。世代を問わず外国の人たちがどんなことを考えているのか、何を大切にしているのかが少しずつわかるようになり、異文化というものへの理解も深まった。そのおかげで違う角度からの見方も覚え、いまもなお多様な情報へのアンテナを高く保ち、感度も衰えずにいる自信がある。そうやって知ったことや考えたことを世の中に向けて伝えられているのも、そのおかげだ。

だからいまで言うところの「親ガチャ」ではないが、生まれや育ちの運が良くなくても、「教育」を手に入れることで視野が広がり、いくらでも自分の人生を良い方向に変えることはできる。

自分も「教育」のおかげでラッパーとしてのキャリアを積み、自分なりのメッセージをアートで表現しながらも、当時日本でほとんど認知されていなかったヒップホップを広め、そして「日本語でラップする」という扉を開いたことで何かの役に立てたとは思っているし、若い頃からの大きな夢が叶い、いまでも楽しくラッパーで居続けられている。

「社会のため」とか「人のため」というよりもまず自分を埋もれさせないため、自分の持つ可能性を伸ばすために、「教育」はすべてにおいての鍵になるということを、この本を手に取ってくれた人へ、はじめに強調しておきたい。

何だってやれる　何だってなれる　夢見つけたら頑張ってられる
何だってやれる　何だってなれる　強く信じてれば頑張ってられる

いつも学校の勉強なんかイマイチ　いい先生たまにしかいないしって
思うんだったら読書しな　本をいっぱい読む子には
嘘を見抜く目と力つく　好きな事発見したら普通
なぜか一生懸命やってられる　ナズも言ってた　何だってなれる
スポーツ　音楽　映画スターでもケミカルなもん　手出すな
うまくいくはずの計画が　夢と逆　ホームレス生活だ
政治家　社長　医者　警察ら　大人でもちゃんとしてねぇヤツが
いるからやる気ないのよく分かる　でもみんなでやれば良くはなる

何だってやれる　何だってなれる　夢見つけたら頑張ってられる
何だってやれる　何だってなれる　強く信じてれば頑張ってられる

――「ソンはしないから聞いときな」Kダブシャイン
（2010年リリース『自主規制』収録）

# 目次

## 第2章 日米の教育の違い　中学・高校編　47

## 第3章 日米の教育の違い 大学編　79

# 第4章 日本の教育に取り入れるべきもの 113

## 第5章 死ぬまで独学のすゝめ

**Kダブシャインの教育大国アジェンダ**

# 第1章 令和の教育改革が必要だ

## なんでKダブが教育の話!?

もうすでに長い間、日本社会の力が昔に比べ弱くなっているのではないか、と感じている。自分は第二次ベビーブーマーとして生まれてきた。同世代の若者が大勢いて賑やかだったし、高度経済成長期に少年時代を送ったから社会全体が上り調子だったときの記憶が鮮明に残っている。だから余計に今の日本には勢いやバイタリティがないように見えてしまうのだろう。

まず単純に少子化により若い人の数が減っているというのが大きな原因のひとつだ。自分たちの世代は人数が多いのだが、下はどんどん先細りになっている。

そこで心配になるのはやはり将来のことだ。たくさんいる我々の世代が老いたあと、減少した次世代の人たちだけでこの社会を推し進められるのか。国としての生産力が減少するのは明らかなので不安になる。

だけど若者が減ったことを今さら嘆いていても仕方がないし、今からできる対策だってまだいろいろあるのではないか。

たとえばアメリカをはじめとした他の先進国でも同じように各家庭の少子化は進んでいる。ひとつの家庭で生まれる子どもの数は減っているが、移民を受け入れることでそれが補われ、アメリカでは日本ほど人口の問題は深刻になっていない。それに日本の人口密度、国土面積や食糧事情を考えると今でも人口は多すぎるという話もある。ある学者によると八千万人ぐらいがちょうどいいという説があるのを聞いたことがあるので、闇雲に移民を受け入れて人を増やせばいいということではないとも思う。

しかし、なんにしても次の時代をつくるのは若者や子どもたちで、次世代こそが未来そのものなのだ。彼らのバイタリティが弱くなっているのはやっぱり心配だし、それをケアする対策もしていかなくてはいけない。たとえ人口が少なくなったとしても、未来に向けて優れた人材が不可欠なのは間違いないのだ。

それゆえに自分の曲の歌詞でも、教育が大切だとずっと訴えてきた。

そもそも日本は自然資源や燃料が特に少なく、それで戦争を強いられた国だ。そんな我々がはじめから持っている唯一の誇れる資源は、「人材」。つまり、ひとりひとりの人間、イコール日本国民だと確信している。これからの時代のために、もっと教育レベルを上げ、ポテンシャルを引き出し、日本にいる誰もがより賢くなれる方法について一緒に考えていきたい。

## 日本の学力低下

江戸時代の識字率が世界のなかで最高水準だったように、もともと日本の教育レベルは相当高かったと言われている。江戸時代に来日したドイツの学者が、日本の労働者階級である大工が趣味で俳句を詠むのを見て感嘆したという逸話があるくらいだ。

おそらくその知性のおかげで日本は植民地になることもなかったし、明治維新や高度経済成長期の社会の成長のスピードが比較的速かったのではないか。

しかし、今の日本の教育や学校、特に受験のシステムにはいろいろと問題がある。戦後しばらくはそれで上手くいっていたかもしれないが、近頃は日本人の学力低下が叫ばれるようになって久しい。

OECD（経済協力開発機構）による生徒の学習到達度調査は、「PISA（Program for International Student Assessment）」の略称で呼ばれる国際的な学習到達度調査である。PISAは日本では2000年から導入されていて、それ以降3年ごとに実施されている。日本での調査対象は高校1年生相当の学年だ。2019年12月に発表されたPISA2018の結果では、全参加国・地域内での日本の「読解力」の順位が8位から15位に下がってしまった。他の「数学的リテラシー」では6位、「科学的リテラシー」の分野では5位と、若干順位を落としているが引き続き高い水準を維持している。文科省の国立教育政策研究所はこれについて、日本は「自分の考えについて根拠を示して説明すること」に課題があるとコメントしている。（参考：https://www.nier.go.jp/kokusai/pisa/index.html#PISA2018）

読解力とは、つまり言葉の問題だ。物事を考えるための基礎になる部分だが、そのためにはまずひとつひとつの単語の意味を理解しなければならない。今の日本語には英語などから翻訳された輸入言葉が多いから、総合的な表現力や、伝達力を鍛えることが重要だ。日本人は英語に苦手意識を持っている人が多いが、似た意味を持つ複数の単語の定義を明確に識別することで、その単語の成り立ちや語源への理解を深められる。

日本政府も、ゆとり教育をやってみたり、入試改革をしたり、いろいろと試行錯誤をしている最中だと思うが、自分にはそれが世界レベルに全然追いついてなく、危機的状況にあると感じられる。そして、この深刻さを日本人みんながもっと痛感し、解決策を追及できるといいだろう。

インターネットが広まったおかげで、今までになく世界中の大量な情報が猛烈な速度で流れてくるし、社会の動きや反応も格段に速くなっている。そんな混迷する時代を生き残るための土台となる力を身につける教育が、今の日本で進められているだろうか？

今の日本の教育には、はっきり言って明治維新のような大改革が必要だと心の底から感じている。今こそ日本の古びた受験システムとその目的、そして教育構造そのものを刷新すべき時期なのだ。

## 受験に支配された日本の学校はいじめの温床

この20年近く、日本の学校にはびこっているいじめの問題にも注目していた。いじめが子どもたちの健全な成長を妨げているのは誰の目から見ても明らかだ。日本の旧態依然とした教育制度や学校のシステム自体がいじめの温床を生み、拍車をかけている気がしてならない。

最も重大ないじめの要因は、受験によるストレスだ。そして「教室制度」によってさらに閉鎖的になり、学校内の風通しがよくないことがいじめの原因につながっているのではないかと分析している。

なぜなら自分は高校の時にアメリカに交換留学したことで、日本とアメリカの学校の在り方に違いを見つけ、いくつか日本の教育方針において改革すべき点が目につくようになった。その時のこともこの著書の中でできるだけ詳しく紹介したいと思う。最近はアメリ

カの教育現場の状況も多少変わったが、日本の学校のやり方が今の形だけではないという
ことを知っておいて損はないだろう。
日本での高校受験や中学受験戦争が一般の学生に与えるプレッシャーは、このところま
すます高まっているように見受けられる。親が熱心に幼稚園や小学校のうちから子どもに
「お受験」を意識させて勉強を強いるのは、本当にその子たちのためになっているのか。
親が自分のエゴやステータスを満足させるために子どもを名門校に通わせたがるのだと
したら、はっきり言って問題外だ。
子どもの将来のために早いうちから高いレベルの教育を受けさせたいという考えはよく
わかる。でもそのために小さい頃から好きなことをする時間や友達と遊ぶ時間を削ってま
で塾に通わせることは、本当に子どもの幸せに繋がるのかと、あえてここで問いたい。
そもそも小さい頃から英才教育を受ける必要があるほど特別な能力がある子どもはそん
なに多くいないだろう。大多数の子どもは、大学、せめて高校卒業するまではもっとのび
のび生きるほうがはるかにいいと思う。
それに必ずしも私立の名門校だけが良い学校というわけではない。自分もずっと公立の
学校に通っていた。幼稚園から私立だったという知り合いに話を聞いてみても、もちろん

違いは色々あるが、公立校の方が絶対的に劣っているかというとそんなことはない。

ソニー創業者の一人に、井深大さんという人がいた。彼は経営の一線を退いてから、ソニーの子ども用商品のラインナップを作ったり、子どものためのテクノロジーを研究していたことでも知られている。その井深さんには、奥さんが子どもの小学校を私立の名門校に決めてきたとき、こんなふうに怒ったというエピソードがある。

「小学校くらいは公立に行かせないと、世の中にどういう人たちがいるのかわからなくなる。金持ちもいれば貧しい子もいる。体の強い子も弱い子もいる。それを理解させるためにも、地域の学校に行かせなければいけない」と。

小さいうちに受験をして同じような経済力の家庭環境で育った、同じような学力の児童ばかりの学校に入ると、そこからでは見えてこないことも多い。

地域の公立学校にいる子どもは、家庭環境も貧富の格差も学力もバラバラだし、ハンディキャップを持っている子ももちろんいる。そういう子たちと出会い、友情を育み、お互いにいたわることを学ぶのも人として大切な情操教育ではないのか。学校というところは学力だけでなく、人間性を養う場所でもあるということなのだ。

もし殴られてそうな子供がいたら　すぐオレに言え
もし近くであやしい家庭をみたら　すぐオレに言え
もし誰かが悩んで話しにきたら　すぐオレに言え
もし異常な泣き声を耳にしたら　すぐオレに言え

幼い涙もう見たくない　許されざる幼児虐待
くせや習慣のように迫害　言葉や暴力どうにか使い
頭に植えつけてく恐怖心　いつも怯えてて挙動不審
あの悪夢のようなほおずり　一人記憶ん中ほうむり
だけど消えない心の傷　人生の別なところを見ず
人に絶望し自閉症　小さな子にとっちゃ致命傷
全く同じことしてやろうか　聞こえねえ土下座して泣こうが
もう押さえきれねえこの怒り　こうしなきゃわかんねえ子供の痛み

――「セイブ・ザ・チルドレン」Kダブシャイン（2010年リリース『自主規制』収録）

## 読書の大切さ

ＰＩＳＡの結果で読解力の低下が問題になっていたが、これを鍛えるためには、読書は絶対に欠かせない。もちろん単にテストの点数をあげるだけでなく、様々なことを知り、自分の頭で考える力をつけるためにも本を読むことが間違いなく不可欠だと思う。

大人数で受ける教室での授業は自分の持つ疑問や考えがはっきりしないうちに先に進んでしまうが、読書は自分のペースで学習できるというのが良い。

テレビや動画は放っておいても先に進んでいくが、文章は自分で読み進めなければ内容が頭に入らない。ただし、文字を読むならなんでもいいというわけではなく、ネットの短い記事なんかはすぐ読み終わってしまうのであまり歯ごたえがない。だが、本はそうはいかない。一冊の本は論理の積み重ねでできている。読みながら「ここは共感できる」とか「自分はそういう見方はしないな」とか、思考を何層にも積み重ねながら考え進めていく必要がある。そういう旅のような体験ができるのが読書の面白いところだ。

本を結末まで読むことは、人の意見を最後まできちんと聞き、他人と自分の論理を照らし合わせることに似ている。本を読んで他人の考えを知って、共通点や矛盾点を理解するうちに、少しずつものの全貌がわかるようになる。それは著者と自分との対話でもあるし、自分自身とゆっくり向き合う時間でもあるのだ。

だから、昔から言われていることだが、もっと読書を好きになってほしい。少し難しい本を読んでいると途中で「ん？　なになに？」とひっかかって、ちょっと戻ってもう一回読んで、「ああ、そういうことね」と戻っては進むことが度々ある。その瞬間、自分の目がパシパシ高速にまばたいて、脳が地殻変動を起こしている感じになる。人は、このような経験をすればするほど、視野が広がり、思考力が鍛えられる。自分は映画を見るのもすごく好きで、そこから知り、学ぶこともよくあるが、自分のペースでじわじわ展開するこのような感覚は読書でないとなかなか味わえない。

## 留学のすすめ

幸運にも自分は高校生の時に渡米する機会を得た。その体験のおかげで母国日本を外から見て客観的に捉えられるようになったし、自分にとって人生の糧でもあるヒップホップともめでたく両想いになれた。

誰にでもそういった機会を増やすために、日本はもっと留学しやすい環境を整えたほうがいい。もちろん今でも留学を支援する機関はたくさんあるだろうが、そもそも日本の学校システム自体をかなり柔軟にする必要がある。一年間留学したらその単位をちゃんと自国でも認めるとか、それをサポートする体制や制度を国のレベルで適正な制定をするべきだ。

国際的な理解や交流を深めるには、ビジネスや損得に関係なく違う国の人同士が仲良く付き合うことがすごく大切だ。互いの国を行き来すると友好的になるというのは本当で、自分も学生としてアメリカに行っていなければ、ここまでアメリカ社会に関心を持たなかったに違いないし、アメリカを今のように理解できていなかっただろう。おかげで今も日本に住んでいてもアメリカで起きている問題を身近に捉えることができるし、日本にも同じような問題は起きていないか、というふうに日米事情を重ねて見て新しい視点で捉えられる。他国の文化や風習を肌で知ってこそ、自分たちや自国のことを立体的に顧みることが可能になるのだ。

それゆえ、日本側での留学生の受け入れ方もすごく大事だ。もしその留学生が日本を気に入ったなら、そのままこの国に住んで愛し続けてくれてもいい。そうでなくても親日家になってくれれば自国に帰ってからも日本と交流したいと思うだろう。このような理由からも、アメリカは留学生の受け入れにけっこう昔から積極的なのは周知の事実だ。世界中に「アメリカ好き」の親米家が増えれば増えるほど、自ずとアメリカの国益につながることを完全にわかっているのだ。

日本に来る留学生を増やすには、まず海外の人が日本で勉強したくなるよう日本独自の教育を世界に誇れる魅力的なものにしなくてはならない。この点、フィンランドなど教育先進国といわれている国の教育など、日本が参考にすべきやり方が世界にはいくらでもある。かつての詰め込み教育の名残りがあり、大学の制度もアメリカほど柔軟ではない昨今の状況のままでは、なかなか日本で学びたいと思う学生は増えないのではないか。

これから行うべき教育改革は、よくある日本の政治改革みたいに、どこぞの既得権益に予算を流していくようなやり方ではまったくダメだ。受験や就活で利益を得るような業界に忖度していては、一向に子どもたちのための教育にはならない。

## 日本のエリート教育の問題点

まず、教育を考える上で「どんな人間を育てるのか」というのが、もっとも重要なテーマであるべきだ。そのような目標すらなければ改革どころではない。

自分は、今の日本のエリートやエリート教育には大いに問題があると思っている。本当のエリート、つまり国や社会をひっぱっていく人間とはどうあるべきなのか。それを考えたい。

現在の日本は、弱い者をいつでも切り捨てられるような冷たい人間ばかりがエリート層として君臨している。これはわれわれ日本で生活する者にとって悲劇以外のなんでもない。経済的な成功者になることと立派な人格者になることは大きく違うのだ。

「金持ち喧嘩せず」という言葉があるけれど、それを実行しているのか、最近の企業や組織の上の方にいる人間は、受験勉強の弊害とも言える、難しい問題をすべて先送りすることが多いのではないか。「事なかれ主義で臭いものには蓋をする」「自分がその地位にいる間だけやりすごせればそれでいい」「その後の世代がどうなろうと自分には知ったことではない」、そう思うタイプの人間が、常に自分の個人的な損得勘定で物事を先送りしているのが今の日本だ。彼らには「他人の痛みが、自分の痛みだったかもしれない」という想像力がないのだろう。

こういうエリートたちがはびこる状況は、間違いなく日本の教育システムが生み出した憂うべき現実だ。

日本の受験教育制度は、子どもたちに何度も何度も模擬試験を受けさせ、「これに落ちると成功コースには一生戻れない」というプレッシャーを与える。あまりにも酷ではないか。

一方、アメリカでは一七～一八歳になるまで、一般の学生にはほとんど受験のプレッシャーがない。大学に入るための試験でさえポテンシャル（潜在能力）で審査され、よほどハイレベルの人気校でない限り、ある程度の学力さえあればすんなり入れるシステムになっている。そのかわり大学を卒業するのは日本よりも何倍も大変だ。

日本でやっているように高校、大学と何度も受験をさせれば、「トップ層」は生まれるけれど本当の意味での「リーダー」は生まれないのではないか。社会を引っぱっていくには、しっかりとしたリーダーシップを持ったリーダーが不可欠なのに、だ。指導のできない者をリーダーとは呼ばない。「トップであることがリーダー」と考えるのはあまりにも安易すぎる。

## リーダーシップとはなにか

今の日本で出世する人は、「機転が利き、調整能力の高い人材」だ。だが、悲しいかなそのような人には確固たる理念がないことが多い。せいぜい自己実現の達成欲が旺盛なくらいだ。

調整能力とは、根本的に問題を解決しなくても、とりあえずその場をまとめる力だ。しかし、大勢の人をついてこさせるには調整能力だけでなく、意気込みや理想、強い信念が必要だ。全員のことを大切に考え、みんなで協力し、助け合わねばと思わせる態度や姿勢だ。だから「自分だけ良ければ良い」とか「問題を先送りしてやりすごそう」と考える人は本当のリーダーにはなりえないし、ふさわしくないと言える。

下手をすると日本人は、リーダーシップがどういうものかわかっていないのでは、とたまに不安になる時がある。誰もがリーダーになる必要はないけれど、企業や社会を引っぱる人にはどうしてもリーダーシップが必要だ。繰り返すが、トップというポジションだけでは絶対に不十分なのだ。

本来は、学校で言うところのクラスで頼りになる学級委員やガキ大将のような人がリーダーと呼ばれるべきである。成績がいいとか教師の機嫌をうまくとれることが本当のリーダーシップではない。「オレたちでなにができるか考えようぜ！」と提案できるのが真のリーダーであるべきだ。

知っている人は知っていると思うが、実は、本来ＤＪやラッパーはそういう存在として生まれた。住んでいる地域の問題を解決しようとする、いつも周りのみんなを代表して言うべきことを言う。困ったときに「団結しようぜ！」とリーダーシップを発揮する存在なのだ。

## リーダーシップを育てる教育

しかし、皮肉にも今の日本で社会を引っぱるべきエリートたちが受けているのは「リーダーシップ教育」ではなく、「ハイポスト教育」だ。

その証拠に、日本式の受験を勝ち抜く人は、前述した「時間内に解けない、難しくてやっかいな問題」を先送りする試験上手な秀才タイプばかりだからだ。

それは受験対策を見ていればよくわかる。日本のテストは制限時間内にできるだけたくさんの問題を解くテストがほとんどだ。そのような試験を合格するための基本テクニックは、途中に難しい問題があったらそれを飛ばして次の問題を解くことだ。いちいち止まってじっくり考えていたら、解けるはずのその後の問題に辿り着かなくなり総合点が下がってしまう。入試は受験生をふるいにかけるいわゆる「落とすため」のテストなので、最終的に合格点に達しさえすれば通るのだから、途中でつっかえて時間を奪われる問題にはあえて挑まず、無理をしないで飛ばしたほうがいいのは、それはそれで効率があがり理屈にかなっている。このようなテクニックを身につけていくつもの試験を乗り越えた人が、良い大学や良い会社に入るのが現在までの日本なのだ。

はっきり言って、そんな教育でこれからの激動の時代を切り拓く人材が生まれてくるわけがなかろう。

そういう中途半端なやり方が染みついている人は、大人になっても難しい問題は最後まで解けなくなっているのではないか。というか、実際に問題を解決する気力も実力もないんじゃないかと、勘繰ってしまう。

だから、学校の試験はもっとじっくり考えさせる、解答がひとつではない問題を増やすべきだ。

もちろん全員が集団の中でリーダーになれるわけじゃないし、なる必要もない。だが、じっくり考える習慣をつけることで全体のレベルが相当上がる。そうすれば周りもリーダーの大変さや資質を理解し、認め、「あの人はリーダーとして頑張ってくれているし、そのおかげで自分たちも満足に暮らせているんだよね」とお互いに理解が広がる世の中になるだろう。

それに実をいうと、リーダーシップとは他人や組織に対して発揮するだけのものではない。「自分をリードしていくのは自分だ」ということをしっかり理解しておこう。つまり自立した自分になるということだ。ここではっきり言っておくが、生きていく上で「自立なき自由なんてものはない」という決定的事実だ。

自由を至上の価値とするのであれば、まず精神的に自立しなくてはならない。自立するためには主体性が欠かせない。これはすごく重要なことだ。主体性を持てば、自立心、独立心を養う訓練にもなる。

しかしその前に、そもそも「自由」とはなにかを明確に理解する必要がある。これまでの日本の教育カリキュラムの中では「自由」をあまり丁寧に教えていない。これは特に重要なことなので、このあとこの本の中で、大切に扱っていこうと思う。

## 信仰や思想をないがしろにするな

21世紀になって始まったことではないが、ふと立ち止まると、テクノロジーの急激な進歩により、「人間性」というものが急速に失われつつあるのがわかる。だからこそ今、この時代に「人間らしさとはなにか?」を社会全体で議論すべきだと提案したい。

「自分は、たまたまこの身体に、この能力をもって生まれて来たけど、それは自分の力ではどうしようもないことでたまたま運命づけられていた。ということは、もし自分が幸せなら、不幸にもそうじゃない人がいて、その人たちに、自分の幸せを分け与えるべきだ」

こういう考え方って、一見、宗教的なものだと思われがちだけど、まさに人間的な感情だ。このような考えがあったからこそ、はるか遠く原始時代から人類は助け合おうと思えたのだ。

しかし、もしかしたら、これを子どもたちに教えるのは学校の役割ではないかもしれない。アメリカでは、それぞれの家庭や教会で宗教として、「施し」とか「悔い改めろ」ということと一緒にこのような人間愛が教えられている。

自分が気づいたのは、日本人の多くは、表向きは無神論者と言いつつ、実は無自覚な多神教の人が多いことだ。と言ってもそれを批判するつもりはまったくないし、「宗教」というとなんだか怪しい印象を受ける人がいるのもなんとなくわかる。ところが、世界ではなにかしらの信仰を持っている人の方が圧倒的に多数派だ。だからこの機会に信仰や神というものを頭から毛嫌いするのは終わりにし、より善く生きるためのアイディアや文化教養として取り入れることを、声を大にしておすすめしたい。念のため言っておくが、信奉する神のために誰かを傷つけたり殺したりするのは問題外だ。それは「神」の使い方を間違えている。

実際、現代の科学を知っていれば宗教は前時代的なものとも言える。昔は人々の集落同士が離れていたから、各々違う神がそれぞれの場所で成り立っていた。今はもう地球がひとつの星だという事実をみんなが共有しているから、神話がある種のファンタジーであることもアカデミックには理解されている。

なので、別に洗礼を受けろとか何かの宗教に入信しろと勧誘しているわけではない。信仰自体は中立でかまわない。人間が発明した文化としての宗教を学ぼうということだ。「神」は人類の生んだ最高の発明だとも言われている。だから各宗教の持つ概念や観念といった思想は、学校でもっとしっかり教えるべきだ。

自分も、神というか、大きくいうと「自然の持つ意志」のようなものを信じている。少しスピリチュアルになりすぎではと疑われるかもしれないが、そのように考えたほうが自分自身は謙虚でいられるのだ。どういうことかというと、自分の力ではどうしようもないことにぶつかったり、自分の良くない部分を知った時に、神の存在が「もっと善くならなくてはいけない」と思わせてくれるからだ。自分たちより上の存在にいつも見られていると考えるのは、自分を律する上で欠かせないことだと思う。

人類は神がいると信じることで、常によりよい存在にならなくてはいけないと考えるようになれた。自分たちが万能だと思わないように、己を戒めるために、先人が「神」という畏怖の念を感じさせる存在を生み出したと理解するといい。

自分はこういう感覚を大人になりながら徐々に身につけてきたつもりだが、なるべくならこういう概念は子どもの頃に教えてほしかったとつくづく思う。

宗教を理解するために、音楽や美術はすばらしく有効だ。文化や芸術に触れると人はふと「我にかえる」ことがある。作品から「時を超えた普遍的な価値や感覚」「自分のなかに眠っている感情や意識」を呼び起こす効果が得られるのだ。学校が音楽とか美術の授業で宗教や思想も美術史の一部として教えるのもありかもしれない。

日本人はよく大事な試験や家族の誰かが病気になった時、神にお願いをするだろう。でもそういう困った時だけじゃなく、普段から「神の恩恵を受けられるように生きているか?」「自分の行動は神に恥ずかしくないか?」という問いをもう一人の自分と一緒に、自分の中で考えるべきなのだ。

欧米のクリエイターが、俳優でもミュージシャンでも名誉ある賞を受けとるとき、最初に神に感謝する姿を見たことがあるだろう。アートは100％インスピレーションの世界だから、もともと神頼みのところがある。だから自分や作品に良いことがあると、神にその分たくさんの感謝をするのが当たり前だ。

彼らは「自分に能力を授けてくれたのは神様だ。その能力を使い、運良く成功して大勢に称えられることができた」「自分が努力できたことや、才能を得ることができたことも含めて、これは運命以外のなにものでもない」「自分独りの力だけでこんなたいそうなことを達成できるはずがない」と考え、「才能ある人たちとめぐり会え、こんなに大勢に愛されるものを創れた。ということは神の思し召し以外にない」と結論づける。

心の中に信仰的なものがあると、そういう謙虚さが身につく。

逆に、そういう時に「神なんかどうでもいい、そんなのいるわけない。これは全て自分の力だ」なんて思っている者はみるみるうちに才能が枯れていくだろう。

自分自身も神との交信を持てるよう努力しているので、おそらく才能は枯渇しないと信じたい。「自分の脳内にある発想の泉は、神や宇宙に直結してるからたぶん大丈夫だ」と思い込んでいるが、日本人が日本でこれを言うとやっぱりちょっとスピリチュアルだと言われそうだ。

とにかく、嘆かわしいことに今の日本には自分の保身や利益しか考えない利己主義者が多すぎる。「自分さえ良ければ良い」という考え方は直ちに捨てなくてはいけない。そのためにも、教育現場では世界中にあふれている素晴らしいアイディアをどんどん取り入れ、活かしていくべきなのだ。

## 信仰を持つとポジティブになる

信仰を持つということについて、もう少し話したい。

今の日本人は、テクノロジー礼賛のせいか、少し傲慢になっている気がする。先進国の豊かさからくる選民意識なのか、神や宗教を軽視する風潮があり、畏怖の念たるものを失っている。神というとキリスト教やイスラム教のような一神教の宗教を思い浮かべる人が多いと思うが、自分の持っているイメージは少し違う。自然や宇宙のパワーみたいなもので、そこには人と出会う縁や運も含まれている。

１９９５年に出したキングギドラのファーストアルバム『空からの力』では、「自分たちは自分たちが及ばない力に見張られ、突き動かされている」ということを歌った。自分はこの「自分たちが及ばない力」こそが、神と同じものだと思っている。自分が救われても救われなくても、それが自然の摂理、運命なのだ。

もし事故で九死に一生を得たとしても、「自分がすごかったんじゃなくて、まだやるべきことがあるから生かされた」と思うことにしている。

自然などの大いなるものへの感謝や畏敬を忘れると、人間は傲慢になる。「自分がすごい」と思い上がる。傲慢になればなるほど人間も社会も成長が止まり、腐敗する。だから心の中に神や自然への畏れを常に持ち続けることが大事だ。自然は神の意志だと感じ、そこからインスピレーションを得て、成長する。神や自然は畏れるべきであり、人生の案内人でもある。謙虚になれば、全てから学べるからだ。そして常に自分は自然にかなわないと思っているから、基本的に受け身でいられる。つまり他人や社会に特別な期待を持たない。であるからして、たまに善人に出会うと「立派だね」「こんな世の中だけど、たまには良い人もいるな」と思える。良い事があると「世の中、まだまだ捨てたもんじゃない」って思えたりもする。どんなに残酷な場面にいても、誰かがそれを助けようとする気概を見せたら「それがあっただけでよかった」と感謝するし、それをするやつは本当にすごいと思える。やはり信じる者は救われるのだ。

# 第2章 日米の教育の違い 中学・高校編

ここからは、自分がアメリカで経験した教育の実態について、できるだけ日本のものと比較しながら伝えていきたい。

## アメリカには教室制度が無い

自分は、高校2年生の時から交換留学制度を使いアメリカに渡り、現地、フロリダ州オーランド市の公立高校に編入した。

はじめに驚いたのは、アメリカの公立高校は大学と同じシステムになっていたことだ。たとえば、○年○組という決まったクラスはなく、「○年○組の担任」という先生もいない。ホームルーム担当はいるけれど、その先生はホームルームで伝達事項について話すだけだ。

そもそもアメリカの高校には、出席を取ったり全員に一斉に何か連絡を伝える毎朝の日本で言うホームルームのようなものがなかった。大学と同じように、登校して教科の教室に入ると一時間目の授業がいきなりはじまる。自分の属する教室がないということは、時間割も一人一人違うということだ。毎時間、授業を受ける生徒らがその度に入れ替わるからだ。出席確認はそれぞれの授業ごとにその教科専門の教師が担当していた。

それから、ホームルーム担当とは別に、生徒一人一人にスクールカウンセラーという職員がついていた。

カウンセリングルームに行くと、カウンセラーがいつでも進路や勉強の相談に乗ったり、時間割をつくる手伝いをしてくれる。たとえば、「きみは今、数学IIのクラスにいるけれど、ちょっとレベルが合っていないみたいだから、ひとつ下の数学Iのクラスを受けたほうがいいよ」といったアドバイスをくれる。年齢や学年とは関係なく、それぞれの科目で自分にあったレベルの授業を受講することを推奨してくれるのもここにいるカウンセラーだ。

日本だと、進級して学年が上がるにつれて自動的に教科のカリキュラムが進んでいくけど、ついてこれない生徒は置いてきぼりになってしまう。日本の教育はそういう意味で、「脱落させる教育」になっている。そしてその最たるものは受験だ。ふるいにかけてトップ層の人材を掬ったら、残りの人たちは「あとは自分たちでうまくやってね」というシステムだ。

## 高校受験、さっさとやめるべき

一般的に、日本の教育過程にはもう長年「高校受験」という大イベントが待ちかまえている。義務教育は中学までだけど、今はほぼ全員が高校に進学するから、ほとんどの子供が受験を経験する。ということで必然的に、公立の学校で中学三年生になると学校授業の主な目的が高校進学のための受験対策になる。

つまり高校受験は日本に生きていれば、15歳の若者にほぼ必ず訪れるものだ。だが15歳というのは、人間として一番大切な成長期ではないか。

15歳という年齢は身体も精神も子どもから大人になる重要なタイミングで、あらゆることが大きく変化する。誰もがそうだろうが、まず自分の身体の変化にものすごく戸惑いを感じる時期だ。背も伸びるし、体も大きくなるし、毛も生えてくるし、生理的な体験もある。誰にでも来る思春期という成長段階で、他人に対する自分の気持ちや、他人からの視線にとても敏感になり、特に異性のことが気になってくる。

こういった心身ともに不安定な時期に、「高校受験」という大きな人生の分岐点が強制的に訪れるのは、とてつもない精神的負担になる。思い起こせば、当時の自分もかなりのストレスを感じていた。

そして不運にもそのようなストレスが学校内のいじめ問題にダイレクトに繋がっている、というのが自分の見解だ。

子どもたちは、自らの身体や心が変わってきて自分ともっと向き合いたいのに、大人から「今勉強しておかないと人生の敗北者になるぞ」と一方的に脅されて、暗記ばかりの詰め込み受験勉強を強要される。

ここで抱えるストレスが、「それなら他人を蹴落としてやろう」っていう気持ちにつながったとしてもおかしくはない。普通の人なら、誰でも他人より優越感を持ちたいと思っている。もし「お前、このままじゃ落ちこぼれるよ」と言われたら、「でも誰かより上に立ちたい。じゃあ自分より弱い者を蹴落としてやろう」となるのは一種の動物的本能だろう。

先行き不安になることで劣等感が生まれ、それが屈折してしまうことが多くあるのだ。

今の日本の高校受験は、むしろそれを増長させる結果にしかなってない。

中学生の頃にいじめをしていた人たちも、こういわれたらハッとするんじゃないだろうか。確かに自分にも心あたりがないわけではない。

それに、みんなが同じ状況なんだから、受験をストレスと感じちゃいけないという同調圧力のような空気もある。「これは誰もが当然乗り越えるべき試練なのだ」という暗黙の了解だ。「前の年の先輩も、その前も、みんなこの受験を経験してきたんだから、これがこの国では常識なんだ。これを乗り越えられる人だけが立派になれるんだ」というプレッシャーも、それまで経験したことのないストレスになっている。

そしてそこに輪をかけるのが、日本の教室制度だ。何年間も同じ人が毎日顔を合わせる。すなわち三〇人くらいいる教室で、いつも同じ顔ぶれがそこで同時に得体の知れないストレスを年単位で受け続けている。冷静に考えるとこれはちょっと異常なことではないか。どんな所でも同じ所に同じ人がずっといたら、どうしても人間関係の上でのヒエラルキーができるのは、これもまた人間の本能だ。

たとえば会社がそうなのだが、そこにはもともと役職やある程度の年功序列があるから納得できるけど、学校の教室はみんな同い年で立場に基本、上下関係はない。

そしてその中で、色々なタイプの生徒がいる。たとえば、体がデカくて力がありあまっているけど勉強はあんまり得意じゃない子がいたとする。その彼は勉強なんかほどほどにしてもっと楽しく生きたいのに、学校に行くといつもギスギスしていて、たくさん勉強する成績のいい子だけが褒められ、自分は落ちこぼれ扱いだ。そんな場面に毎日いたら、「気に入らないから腹いせに誰かをいじめてやろう」となるのはわからなくもない。もちろん力があるからやっていいということではない。でも、成長期の子どもなら過度なストレスのせいで自分で自分を制御できなくなってしまうのも理解できる。この場合のいじめの原因は本当はその子でなく、そういう子を創り出す環境ではないのか。

今ある日本の受験システムや教室制度による日々のストレスが、子どもの純真な心をゆっくり殺していると言っても過言ではない。だから、一刻も早く受験システムと教室制度を見直すべきなのだ。

### 権威主義と虚栄心

受験や学校の事も含めて、子どもたちの問題についてはけっこう前から危惧している。なぜかというと、子どもが子どもらしさを失うことの弊害が、どれだけ世の中に影響を及ぼすのかが心配だからだ。

江戸時代の日本は「鎖国」していたけど、武士が自発的に地元の子に読み書きを教える寺子屋という立派なものがあったり、今より大人が子どものことを考えていたのではないか。

しかし、それが今の大人はみんな自分のことしか考えなくなってしまった。第3章でまた詳しく書くが、日本の大人の心を蝕む「権威主義」と「虚栄心」が、今の日本人をこじらせてしまったように感じる。

「権威主義」は、日本が歴史の長い共同体である以上、存在するのは理解できるが、そこから自分を直視しようとしない「虚栄心」がはびこるのは、どうにかしないといけない。

自分の知っている限り、アメリカ人は虚栄心というものに敏感だ。虚栄心は英語で「Vanity」というのだけど、わりとネガティブなものとして日常会話にしょっちゅう出てくるワードだ。それは自分を本当の自分より大きく見せるものだから。ビジネスの場面では、時に一種のはったりのため見栄を張ることは良しとされる。彼らは基本的に「自分らしさ」や「そのまま」ということに価値を置いているから、背に腹は代えられないとき以外は、ただただぬるま湯に浸かっていたいとか、見栄やステータスを守るために自分を大きく見せようとするのは非難されやすい。そういう人は総じて正直じゃないのが明らかだから完全に信用できないという感覚になるのだ。

ところが、意外に日本ではこういうものが平気で横行している。

「虚栄心」と「権威主義」が強迫観念になっている現代の日本人は、すっかり本当の自分を見失っている気がしてならない。

このしがらみを乗り越えるには、もっと「自由」と「公の精神」を浸透させることだ。

## アメリカの学校生活

アメリカの学校の話に戻ろう。

この章の初めにアメリカの学校には自分のクラスやホームルーム、担任というものがないと書いたが、じゃあ遅刻とか欠席の管理はどうしてるのかという疑問が出るかもしれない。高校も基本的には日本の大学と同じで、各授業ごとにそれぞれ担当の教師が出欠をとる。

しかし、出欠に関してはアメリカのほうが厳しくて、遅刻をするとすんなりとは教室に入れない。こっそりと後ろのドアから入ったりはできなくて、遅刻したことを教師に申告しないと授業への参加ができない。そのために、わざわざ校長室に遅刻証明のパスをもらいに行かなくてはならないのだ。

常に学校の中をガードマンが見回りしているから、授業中に生徒が廊下をうろうろ歩いていると「何やってるんだ」と声をかけられる。まるで路上で警官にされる職務質問みたいに。その時にパスを提示すれば、「OK、行って良いよ」と放免される。だから、授業中にトイレに行くときもめんどくさいけど、いちいち教科担当の先生から許可証をもらって行くのだ。

日本の学校みたいに、校門の前で先生が竹刀を持って脅すように立っていることはなかったけど、アメリカの高校にはそれはそれで、それなりに無言の厳しさがあった。

でもそれ以外は、校則やドレスコードは基本的に厳しくなく、髪型も服装もほとんど自由。ネイルも化粧も自由。黒人の女の子とか、ハイヒール履いてカツカツ歩き、授業中でもガムを噛みながら真っ赤な口紅を塗っていた。ただし、今はその頃に比べるとむしろ政治的、宗教的な問題から、生徒が学校に着てくる服装もセンシティブになっている。

やはりアメリカでは「自由」こそが至上の価値とされているから、普通の公立学校もできるだけ子どもたちを自由でいさせるという考え方だ。ドリンクもお菓子も校内にある自動販売機で売っているし、他人に迷惑さえかけない限り、授業中に飲んだり食べたりしていても特に教師から文句を言われたり、怒られることはない。日本の学校では考えられない光景だ。

## アメリカでできるんだから、日本でもできる

ずっと日本の学校で教育を受けた人にとっては、大学で行われている制度を中学や高校でやらせるなんてそんなの無理だと思うかもしれない。

でも、おそらくそんなことはない。自分が高校生の時にはそれができたし、適切なガイダンスさえあれば簡単なはずだ。試してみる価値はある。

主要な必修科目はもちろんあるけど難易度のレベルは自分で決められるし、それ以外にも自分で好きな授業を選んで受けることができる。第二外国語は、学校にもよるが、基本的にフランス語、スペイン語、ドイツ語、中国語などから自由に選べる。そうやって自分が決めた時間割なら自分なりの達成感を得られるだろう。

自分で自分のやりたいことを見つけて選ぶということを若い中高生のうちからずっと実践していれば、自然に、いずれ大学ではなにをやろうか、やりたいかを自分の興味や関心から連想して考える若者が増えるのも当然ではないか。

日本の教育では概ね大学生や大人になる時に、突然自分のやりたい専攻や専門分野を考えさせる。しかしそれまで学校が決めた時間割で勉強してきたから、大学に入っていきなり自分の一番やりたいことを考えろと言われても、難しくてみんな悩んでしまうだろう。言われたことだけをやる習慣がつけられているからだ。

本当に必要なのは受験勉強より、子どもの時から自分の頭で考えて自分がなにをしたいのか選択する訓練をすることをすすめる。これからの時代はそれがやはり大事なのではないか。

ちなみにキングギドラのメンバーも、自分以外のふたりは家庭が比較的裕福で、幼稚舎から慶應に通っていたけど、中学高校あたりで全然学校に通わなくなり、中退した。他にやりたいことがあったので、早くから自分で考えてその道を選んだのだ。おかげで好きなことで身を立ててこれまで生きて来られたし、ふたりとも今でもタフにやっている。自分も含め、これは既存の路線に縛られず望みを叶えた例で、自分で自分のやりたいことを決めた結果だ。

それ以外にも自分で時間割を組むと、何が得意で何が苦手かを考えるようになる。

そうすると、数学は得意だけど社会科は苦手って生徒は、数学も社会科も得意な人たちと同じクラスで一緒にやるより、社会科に関しては少し下の自分に合ったレベルでやるほうがより身につくんじゃないか、という対策ができる。カウンセラーも「あなたにはこっちのレベルの方が適しているんじゃない?」とアドバイスをしてくれる。逆もありで、力さえつけばいつでも上のクラスに学期の途中でも編入することができる。

日本では、誰もがずっと同じ教室で、一回落ちこぼれたらそのまま。最後まで学びそびれたまま次の学年に進級してしまうなんてことはざらにある。

そもそも日本の教育は、「みんな一緒」で画一的にしようとしてきた。しかも、その中で順位をつける。これは結果的に落ちこぼれを作るシステムだ。

大切なのは自分で自分の好きな事や得意なものを見つける。優秀な子だと、自分の優れた能力を将来世の中でどう役立てたいのかも考える。自分が選んだということで納得できるので、自立心や主体性も同時に身につきやすい。

## 自立するための教育

このように主体性を持ち物事を行うことが、特に人生では大事なことだと日々痛感している。ところが、特に最近の日本はそれと反対の「事なかれ主義」になっているんじゃないかと失望をしている。

時間割を作らせたり、自分で自分のことを決める教育は直ちに取り入れたほうがいい。それができないと、日本はいつまでたってもアメリカに追いつくことはできないし、いつまでたっても追い抜くことはできない。

そもそも自分が若い頃にアメリカに行って頭に浮かんだのは、「彼を知り、己を知れば百戦危うからず」という格言で、これは「敵を倒すためにはまず相手の懐に入れ」という意味だ。

日本は過去、アメリカに戦争で敗北し、渋谷も昭和の東京オリンピックの頃までは日本人よりアメリカ人のほうが偉そうに闊歩する土地でもあったから、自分もアメリカに対してはコンプレックスと憧れの両方を抱えていた。当時、音楽はトップ40、映画はハリウッド、着るものもリーバイスやナイキなど、メイドインUSAが好きだったので、「まずアメリカを知らないといけない。彼らはどうやってこんな楽しそうなものばかり作るんだろう」と興味を持った。

その後、アメリカに行きたかった夢が叶い、渡米して初めて向こうの学校に行った朝に、「どの授業を取りたいか自分で選んでください。もしわからないことがあればカウンセラーのところに行ってください」と言われた。そして、言われるがままにその部屋に通されてみたら、その場でカウンセリングを受けることになり、「じゃあキミは数学は得意そうだけど英語はまだ簡単なほうがいいね」みたいな感じで時間割が決まった。日本の学校ではクラブの選択ぐらいしかなかったので、これには「ほぉー」と感心した。日本では自分の受けたい授業を選んだことなんかそれまでなかった。

アメリカのハイスクールは、だいたい日本でいう中3から高3の四年制で、授業は学年に関係なく個人のレベルで履修する仕組みだ。

必修科目は英語、数学、理科、社会、第二外国語の五教科だった。一教科ごとにそれぞれの段階があり、そこから選べる。その時、自分の学年は高2だったけど、英語の授業はアメリカでの中3レベルを受けた。でも数学は得意だったので、自分のレベルに合わせて高3と同じ授業をとった。それで、学校の成績が良いほど大学の選択肢が増え、希望する大学に申し込むシステムとなっている。自分ももっと英語の点数が数学並に良ければ、ハーバードやMITに入れたのかもしれない、なんていうことを想像したことがある。もちろんそのあとに待ちかまえている卒業が大変なんだろうけど。

そしてそれに加えて、大学に入った後でも、編入とか専攻の科目を自由に変えることができる。たとえば、ハーバードの法科に入っても、授業についていけなかったら別の大学の同じ専攻に変える、とか。そこで無事卒業ができれば全然OKで、ハーバードを挫折した奴だとかバカにされることはそれほどない。自分に適したレベルのところに行ったんだねっていうだけで。

こういうふうに自分で自分の道を決める訓練を子どもの頃からずっと続けているんだから何に関しても自分の頭で考えて決めるのが、当然といえば当然なのだ。

このカリキュラムをアメリカの若者たちが普通にできるんだから、日本の学校教育の現場でできないことはない。親や教師も、最初はいささか混乱するかもしれないが、慣れれば大丈夫だろう。担任という役職がなくなる分、結果的に教師たちの負担は大幅に減るし、カウンセリングはカウンセラー、教科は専門の教師とそれぞれが分担し、担当した者が子どもたちの望みと可能性に向き合えば良い。

## 日本にイノベーションが起きづらい理由とは

こうやって比べてみても、アメリカの学生のほうが十代のうちから、自分がいま何をやりたいのか、いま何に興味があるのかという意識が呼び起こされる環境にいる。それに、いつでも学びたいことが変わればその都度専攻を変えていいという自由もある。つまりそれが、自分の手で、人生の道を、自分らしく切り拓いて進んで行く訓練になる。

野球がやりたくて野球が強い高校に入学して甲子園を目指し、プロ野球選手になるっていう考えも計画的だけど、部活ばかりに燃えていて勉強は全然やりませんでしたっていう子は、なかなかあとから取り返すのが難しい。そもそも中学生や高校生でそこまで将来の目標を明確に決めている子はそれほど多くないし、たぶんまだそれはそこまで必要のないことだと思う。

しかしそこで例えば、親が医者だから僕も医者になりたいんですって子がいたとする。それをカウンセラーに相談したら、「じゃあそのためにはこういうふうに授業をとって医学部を目指しましょう」っていうアドバイスをくれる。すごく優秀なら、中1の年齢でももっと高いレベルの授業を選んで単位さえ取れば、一気に飛び級をして大学に行くこともできる。逆に学校の勉強が嫌いで自動車が好きなら、学校にあまり行かずとも、車の部品交換とか修理のための修業を仕事を兼ねてしていても良くて、そのまま卒業すると望み通りメカニックになれる。

翻って日本の教育現場では、とりあえずみんな会社員になるための画一的な教育をしているようにしか見えない。

外国のビジネスマンはよく日本人に仕事上のことで「それは誰が決めたのか?」って訊くと「あれは会議が決めたんだ」と答えられたと不満を口にする。「彼らには顔がない、フエイスレスなんだ」って愚痴をこぼしていた外国人を知っている。

それは、日本人が大勢で会議で調整した結論や結果だけを、プロセスを細かく説明せずに発表するからそう受け取られる。最近はトップに立つ人も、カリスマ起業家というより調整上手な人が多くなっている。結果的に日本では調整能力の高い人ばかりがもてはやされ、腹の据わった人があまりいない気がするのだが、どうだろう。そして、責任を一箇所に集中させないためこのように責任の所在を曖昧にする日本的価値観、日本的常識が、バブル崩壊以降の日本の足を引っぱり、それからずっと「失われた三〇年」が続いている。どうしても個人主義は嫌われる傾向にある。

昭和の頃は、日本の大企業にもリーダーシップのある心強い有名なカリスマ経営者がたくさんいた印象だ。ホンダやソニー、松下電器産業みたいな日本企業がバリバリ世界を相手に進出していた頃に比べ、最近は外貨を稼ぎ、日本全体の生活を豊かにするような技術の進歩が昔ほど出てこなくなった。働く時間は減ったけど家族と豊かに暮らして幸せです、というならまだ良いんだけど、どうもそうともいえない状況だ。与えられた枠の中でどううまくやるかが、既存の枠を壊してイノベーションを起こすかよりも優先されてしまっている。グランドデザインの変革を生み出せないパターンに陥り、もうずっと身動きが取れていない。

正直なところ、これを根本から変えるには、学校教育で飛躍的に価値観を変えていくこと以外に思いつかない。

## ディベートの授業

日本の学校ではほとんどやらないのだけど、アメリカでは小学生からディベートの練習をだいたいどこの学校でもやる。ひとつ定められたテーマについて、賛成派と反対派に分かれて議論をする。ここで勘違いしてはいけないのは、これは必ずしも自分の意見を主張するための授業ではない。

たとえば、教師が今日は「禁煙」をテーマにしましょうと言ったら、そこにいるメンバーはランダムに二組に分けられて、こっちは賛成派、あっちは否定派になり討論をはじめる。それで一通り意見交換が終わったら、賛否のグループを入れ替えてもう一回同じテーマでやる。

このような練習をすると色々なことに気がつく。自分と相手の意見は全然違うと思っていたけど実は同じところもある、とか、相手のここの部分はわかるけどこっちのここは譲れない、とか。双方の立場を入れ替え、逆の意見を主張しあうことで、ある問題を一方の角度からだけでなく、あらゆる側面から考える修業になる。

はじめは「恋人はいたほうがいいか?」みたいな素朴なテーマで練習する。そして高校生くらいになると、「AのアイディアとBのアイディアはどちらが社会に資するか?」という絶対的な答えがないようなテーマで議論をする。

こうして物事を深く考える習慣を身につけると、普段から何気なくニュースなどを見ていても、ひとつひとつへの関心が高まり自分の意見を持つ。これは必要だと感じたら、それを表現し、発信することもできるようになる。

相手に自分と違う意見を言われたときも、「いや、それは違うよ」で終わらせなくなり、どうして相手はそういう意見なのかを、相手の立脚点にまで戻って考えられる。

「おまえ、わかってないよ!」

「わかってないのはおまえの方だ!」

などと感情で言い争うだけでは、取り付く島がない。ディベート(討論)とオーギュメント(口論)は違うから、それを理解するためにも子供のころからのこういった訓練が役に立つ。

アメリカには国の性質上、移民がたくさんいて、各々文化や言語が違い、様々な習慣や視点があるのが前提だから、話し合うことで互いにより理解し合おうという価値観が根付いている。

そしてこれが結果的に一番それぞれのデモクラシーを鍛えることになるし、これこそ生きる上で欠かしてはならない自立心にも繋がる。それに思う存分議論しあったほうが、より幅広いアイディアが出てくるのも確かだ。フリースピーチによって人は進化していく。

まずは、「自分はこう」とはっきり言う。そして、それを立証する論理も細かく説明できるようにする。そうすれば自分の発言に責任感も芽生えるから、なるべく「会議で決めた」とは言いたくならない。そんなのは自分で決定してないのが明らさまでみっともない。「私たちで一生懸命意見を出し合い、考えに考え抜いて、相談の結果こういう答えを出したんだ」と言いたくなるはずだ。

日本は戦後、いや、黒船来航以来、ずっと欧米の後を追いかけてきて、結構いい線まできているんだけど、まだ上手に実践できていない部分も多々ある。今よりももっと自由主義的な発展を求めるのなら、このような文化ももっとがんばって吸収したほうがいいのではないか。

## 自分を愛せ

それから、学校教育とは別だけど、アメリカでは他人を称えることを子どもの頃から教えていて、「たとえ勉強はできなくても、人の役に立とうとしている人を称えよう」とする考えが一般的に浸透している。

自分が住んでいた90年代にアメリカで流行っていたフレーズがある。「自分を愛せ（ラブユアセルフ）」。自分を愛し、大切にできなければ、他人を大切にすることもできない、という考え方だ。それがその頃の自分にすごく刺さった記憶がある。「自分を大切にしたい思いがあるなら、他人だってもちろんそうだ」という教えがすごく心に響いた。自分と同じように他人を尊重できるようになれということだ。

日本は昔から「自分より相手を立てる」ことを美徳としてきた。実際の本音はまた微妙に違うとは思うけど、建て前としては自分より他人を重んじろという考え方だ。自分を優先せず、相手の立場になり考えなさいという意味で、これはこれで相手を尊重することでは「自分を愛せ」と同じなんだけど、どうしても相手に主体を置くものとなりがちだ。それだとたまに、恩着せがましいものになることもある。

しかし逆に、アメリカで言うところの「自分を愛せ」は、他人も自分も同じように自分を大切にしているのが前提なので、それをまず理解できれば、この言葉は「自分だけを愛して、自分だけ良ければいい」ではなく、他人の持つ自尊心を自分のそれと同様に、尊重すべきという意味なのだ。

## 誠実であることとはどういうことか

他人を尊重するという話で、思い出したことがある。

自分がアメリカの学校でルームメイトと何人かで過ごしているときに、ステファンとボブと友達同士がいた。まあよくあることで、ステファンはボブにいくらか不満があった。それで迷いはあったけど、ステファンはその気持ちをボブに隠して付き合うのはボブへの友達としてのリスペクトが足りないんじゃないかと自分に打ち明けてくれた。本当の気持ちを知らせずに、平然としたふりをして付き合うことは不誠実で、正直に伝えるほうが相手のことを尊重している、ということだ。

そうすると、当然二人は対峙することになる。まずステファンがボブに「ちょっといい?」と声をかける。それで、「I hate to say（こんなこと言いたくないんだけど）」と言いながら、相手に対して前から溜まっていた不満を告げる。

「言いにくいんだけど、ひとつ聞いてもらいたいことがあるんだ。あのとき君はこう言ってたじゃないか。本当のことを言うと、僕はあれを実は良く思ってないんだよ。なぜなら〜」

と理由や事情をステファンが話すと、ボブは、

「そうか、そうだったんだね」「もしそうなら思ってたことを隠さずに正直に話してくれて

嬉しいよ」

となり、二人はわかりあうことができ、めでたく和解し合えた。でも逆に、もしステファンが何も言わずにそれをずっと腹に抱え持ったまま黙っていたら、いずれ二人の友情はこれが原因でぎくしゃくし始め、そこからいつのまにか疎遠になっていたかもしれない。

言いにくいことやネガティブな感情や意見でも、自分が今思ってることを相手に正直に伝えることが本当の誠実な態度だという考え方や行動って、アメリカ人の人間関係の中では結構当たり前に浸透していると感じた。そしてこれが彼らの強みでもある。

日本人でも、家族とか恋人同士ならこういう話をするだろう。近い人間同士だと生活していればどうしても伝えなきゃいけない問題が生じるからだ。逆に言えば長い期間、こういう摩擦を避けて互いに向き合わずにいると、どんな関係でも破綻していくのだと思う。「熟年離婚」なんかもそのわかりやすい例ではないか。

ところがアメリカだと、一般的な友人関係でもこういうことをするのがわりと普通だ。互いに自分が不誠実な対応をされたら嫌だと思っているからだ。もし相手が自分のことを誤解したまま、そのせいで関係が疎遠になってしまったらそんなつまらないことはない。それなら考えていることを正直に伝えて誤解を解き、わだかまりをなくし建設的に前より良い関係を作るほうがいい、というのが彼らの共通認識になっている。

もちろん全員がそうだってわけじゃない。誤解されたままひねくれる奴もいるし、それがエスカレートして家に帰ってひとりで爆弾を作るような奴だってアメリカにはちょくちょくいる。コミュニケーションのとり方で大きく差が出てしまうのだ。

ジョージ・ワシントンの「桜の木」の物語が有名な通り、「正直さ」がアメリカ人の中では一番の美徳と言っても過言ではない。言いづらいことや失敗を正直に話すことはとても勇気が必要だということが、民主主義（デモクラシー）で生きていく上で欠かせないこととして教えている。個人的にも自分はできるなら嘘をつきたくない。嘘をつくと、嘘を本当と思わせるためにまた嘘の上塗りをしなくてはいけなくなる。それは誰にとっても精神衛生上良くない。自分は個人的に「嘘は魂を腐らせる」と思っていて、できるだけ正直なほうが心も身体も健康でいられると強く信じている。

アメリカでは曲の歌詞でも「本心を伝えなきゃいけない」とアーティストがインタビューで言うのをよく耳にする。最近でも対談動画をYouTubeなどで見ていると過去の出来事に関する裏話が本当にたくさん出てくる。それはなぜなら、事実関係を遡って検証することで失敗や成功から学び進歩できるからだ。

そう言われてみれば当然なのだが、日本のアーティストやミュージシャンにはなかなかこういった話をしたがる人が少なく、いつもそれがすごく残念だと思う。

もちろん今まで表に出ていない話や事実を公表するのはリスクも伴う。誰かにとってすごく有益な情報でも、別の誰かにしてみれば不名誉な事実だったり、言動なこともよくあるからだ。その人物をリスペクトしているからこそ気を遣って何も言わずに黙っている、というのも相手を尊重するひとつの考え方ではあるけど、そこからはなにも建設的な情報が生まれてこない。これは昔からのファンや未来のミュージシャンにとって不幸なことであり、社会や、後世の歴史にとって多大な損失となる。

人間関係においても、もめた過去があって、そのままにしておけば、そのままわだかまりが続くだけだ。あとになったとしてもその時の感情を伝えるだけで「だったらあの時言ってくれれば良かったのに！」と水に流せることもこの世には結構たくさんある。

堪忍袋の緒が切れ、溜まりに溜まったものが爆発してそれでおしまい、みたいなことが実際に多いから、適度にストレスのガス抜きをするという手段としても、普段から自分の気持ちを実際に正直に言うほうが確実に良い。

これは自分がアメリカで体験し、学んだ価値観のひとつであり、美徳であり、みんなが仲良く平和に生きる知恵でもある。当時はこれが高校生同士の友人関係に備わっているんだなということに気づき、若輩ながらに「アメリカ、恐るべし」と思ったものだ。

## 「自分たち」という認識を持て

東京もかなり外国人が増え、なんとなくアメリカと似た風景が当たり前になってきたけど、いまだにすごく排他的というか、なんとなく日本人は実は自分のことしか考えていない人がけっこう多いと感じるのはなぜなのだろう。

そのようなドライな連中は、地方から都会に出てきても、きっとそこを自己実現の場と考えていて、自分たちの新しい住処だと思っていないのではないかと分析する。東京を自分の新しい郷土にしたいという感覚が乏しいように感じられる。東京生まれの自分から見ると、その人にとっての「都会」とは何かを得るため、成功するために、野心を叶えに来るところだ。そのような欲を持って上京するのが彼らにとって普通で、自分がなにか得をしたい、どうしても勝たなければ、という者が多く思える。

アメリカはそもそもが移民の国だからか、あらゆる文化背景の人間がいて、お互いを尊重しあおうという考え方があり、この新天地でみんなが連帯し、協力する価値観を共有しているのが、とても魅力的だ。

たとえば「ニューヨーカー」。ニューヨークに来る人は、自分もニューヨーカーになろう、という情熱がある。自分にも生まれが東京だという自負があり余るぐらいあるのだけれど、今の東京は、「昔の江戸の粋な心意気」を持ちたくなる街ではなくなった気がする。地方から出て来た人は、東京から何かを手に入れたり、独占するためにこの土地に来たのかな、というふうに見ている。

ニューヨーカーを自称する人のほとんどは、ニューヨークという都市をいつの日も世界に誇れる街にしたい、と思ってニューヨークに住んでいる。ニューヨークで夢を実現し、そこで君臨したいと野望に燃える人はたくさんいるが、実はそれだけではない。まあもちろんウォール街にはそういう野心の塊みたいな人もごろごろいるけど、少なくともアートやエンターテイメントで一旗あげるためには、ニューヨーカーらしさを大切にし、いつもニューヨーク的でいようとする。アメリカという大国の世界一近代化された街に順応する自分たちは世界一洗練されてなければならない、最新的でモダンでなければいけない、という感覚が強いのだ。

「ニューヨーカー」を日本に置きかえると「江戸っ子」という言葉がそれに近いかもしれ

ない。たとえば「宵越しの金は持たぬ」という潔さ、それに、「べらんめえ」とか、「おせっかいの人情深さ」、とか。落語の世界に出てくるような「江戸っ子気質」といわれるものがあって、江戸で暮らすならそれくらいの心意気が必要だ、という考え方だ。都会に生きる者として、ひとつの立派な矜持ともいえる。

期待を胸に抱いてニューヨークに来る人の目的も「成功したい」「人生の夢を叶えたい」ではあるのだが、成功そのものより夢に注ぐ「情熱」のほうが重要だと考えている。ブロードウェイを目指すその「気持ち」を結果よりも大切にする。客がたくさん入るかどうか、売れるかどうかというのは別の価値なのだ。

それに比べて日本には成功し、うまくいった人ばかりをもてはやし、現在進行形で成功に向かっている人、苦労の最中にいる人、落ちぶれてからもう一度挑戦している人をあまりリスペクトしない風潮があるように見えるのは、気のせいだろうか。

どちらかといえば、日本よりアメリカ社会には失敗をひとつの経験値としてカウントする寛大さがある。失敗経験者というプラス評価。誰もやってないことを試した勇気や、何度もチャレンジした事実を見逃さず、その努力を讃え、評価し、セカンドチャンスを応援したがる土壌があり、見ていて本当にうらやましい。キリスト教的な精神が浸透しているのも大きな理由でもある。そこで挑戦する人たちが互いのファイティングスピリットを尊重し合う街がニューヨークやアメリカ的価値観の素晴らしい一面だと思うし、そうふるまうのが真の「ニューヨーカー」や「メトロポリタン」、「都会人」のあり方であろう。

東京や日本でも早くそのような場面が見られるようになってほしいと「東京人」として心より願っている。

自分が自分であることを誇る
そういうヤツが最後に残る

頭脳旅行　衛星生中継　脳細胞　宇宙遊泳
知能　自動　軌道修正　それから真相究明
思考力　光速　時空の法則　固定観念と仮説の衝突
知性こそが財産毎晩　第三の目を開眼
影のある存在感　常に出席　首脳会談
主導権握り貢献　韻表現　特に押さえとく要点
偶然が重なる緻密な計算　それにより手に入れてる栄冠
自己防衛　経験と知識で証明　各個人個人が自己の皇帝

――「ラストエンペラー」Kダブシャイン（2003年リリース『現在時刻』収録）

# 第3章 日米の教育の違い 大学編

## 大学という場所の意味

大学生活も、日本とアメリカではかなり違う。

日本での大学生活は、受験と就職の間のモラトリアムのように考えている人が一般的に多いのではないか。最近はそれほどでもないと思うが、自分が学生だった頃の日本の大学生のイメージといえば、ほとんど学校へは行かず、行くのはたまに課題や試験がある時くらいで、あとはバイトしたり、遊んでばかりいるものだった。

日本の大学生は、専門的なことを学ぶというより、むしろ就職のための準備に追われている。そうせざるを得ない社会の雰囲気があるのだろう。高校や大学の受験戦争に似た「就活戦線」ができてしまっているのが原因だ。

それに比べるとアメリカの大学は、自分が学びたい特殊技術を学ぶ専門学校のような場所でもある。卒業後の進路にしても、日本の大学のようにみんなが同じような服装と格好で会社訪問をして、同じような試験や面接を受ける「就職活動」はない。将来就きたい職業や進路を決めている学生は、積極的にインターン活動をして、前もって業界や関係者との繋がりを作ることに努める。大学の教授から正式に認められたインターン活動なら、ノウハウを身につけながらも大学の単位として数えられる。一石二鳥でもあり、いたって合理的なやり方だ。

アメリカの大学は即戦力となる「人材」を創出する場所であることに対して、日本の大学は戦後からずっと「大学生」を大量製造する場所となっている。

そんな若者の未来を左右する大学の制度や教育についても、自分のアメリカでの体験を元に、取り入れるべき点がいくつかあるのでここで紹介したい。

## 再びアメリカへ

まずは自分の大学生活について話そうと思う。

自分は、留学していたカリフォルニアの高校を卒業してから、いったん日本に帰国した。そのときこれからどういう進路を歩もうかと考え、まず帰国子女枠で日本の大学に入るのが自分にはいいだろうと思いついた。その時は、日本でいわゆる「大学生」をやってみたいという興味がなんとなくあったのだ。

でも、その帰国子女枠に合格するための受験勉強をしていた数ヶ月の間に「せっかくまあまあ英語を喋れるようになったのに、日本にこのままいたら忘れてしまうかもしれないし、そこそこアメリカナイズされた自分がまた〝日本仕様〟に戻ってしまうんじゃないか」

と心配になった。そんな迷いもあり、もう一度アメリカに行き、国際感覚や語学力をさらに磨いて自分をアップグレードさせたほうが、将来的にもっと役立てられるんじゃないかと想像した。

　内心そんなことを考えながらも、一応、帰国子女枠で青山学院大学の国際政治学部を受験した。しかし試験の手応えが全然なくて、もともとすごく定員が少ない枠だったから、たぶんこれは無理だなとすぐにわかった。いま話すと都合よく聞こえるかもしれないが、これはきっと「もう一回、日本の外に行ってこい」っていう啓示だ、と感じたのは紛れもない事実だ。

　しかもちょうどアメリカ・ペンシルベニア州にあるテンプル大学の日本校が設立された時期だった。そこには日本校から本校（メインキャンパス）に編入できる制度があって、日本校でとった単位は本校に持っていき、そのまま活かせるということもわかった。だからまず日本にあるテンプル大学に入学し、大学の講義というものに少し体を慣らしてから、アメリカに戻って大学に通おうと考えた。テンプル大学はペンシルバニアでは名門のひとつとされていたし、勉強する環境としてはまったく問題無いだろう、と。アメリカ西海岸の高校を卒業したので、次は東海岸で生活してみたいという好奇心があったし、それに、テンプルのあるフィラデルフィアはアメリカ独立宣言の地であり、それ以外にブラックミュージックが盛んで有名なソウルシティでもあったので、俄然興味も湧いた。

アメリカの大学の入学試験はSAT（大学能力評価試験）と言い、日本のセンター試験と似ているようで全然違う。大学で勉強する際に必要とされる、英語の語彙力や数学では方程式計算といった基礎的な学力が身についているかどうかを測るためのものだ。日本と違い、ふるいにかけて落とすための試験ではない。

テンプル大学日本校での授業は、本校から出向してきたアメリカ人の教授らが教えてくれていた。日本校への海外赴任勤務は基本的に希望制だからか、親日家の教授が多かった印象がある。

授業で使う言語はもちろん英語だったが、日本人向けにだいぶ簡単にしてくれていた。日本人の学生にわかりやすい言い回しにしてくれたり、時々日本語を交えて説明してくれた。自分はそれを見ていて「ここの学生はちょっと甘やかされてるな」と内心思っていたが、それなりの成績も楽にとれた。

日本校の学生は、主に自分のような英会話を話したい日本人か、日本に住んでいるインターナショナルスクール出身の外国人だった。入学からそのまま日本校で卒業する学生もいるし、国外の別の大学に編入や留学していく学生もいた。アメリカ本国の制度と同じく、この大学で取った単位を持って別の大学に移るのは、この学校に通う学生の中でもごく普通のことだった。

かくいう自分も、半年くらい日本校に在籍し、そこで授業を受けながら、そのあとペンシルベニア州フィラデルフィアにあるテンプル大学の本校に編入した。

結局、大学受験とテンプル大学日本校への通学でその年、1989年はほぼ日本にいたが、そのあとまた元通りのアメリカ生活に戻った、というわけだ。

## ジャーナリズムを志す

アメリカでは一般的に、大学に入学が決まった時点で自分の専攻を完全に決めているわけではない。日本の大学は、受験するときに学部や学科まで決めなければいけないことが多いが、アメリカの大学では全然そんなことはないのだ。

とはいえすでに自分はジャーナリズムや国際政治学（インターナショナルリレーションズ）に興味があったから、いずれはそれを専攻するつもりで、それに関連する授業を選ぼうと決めていた。

専攻のことを「メジャー（Major）」というのだけど、もうひとつサブの専攻「マイナー（Minor）」を履修することもできる。時間はかかるが、例えば6年かけて2つのメジャーを専攻することもできる。卒業すると学士号（B.A.／Bachelor Degree）がもらえるので、2つの専攻を取っていれば2つの学位をもらえる。

さっきも触れたが、アメリカの大学には、日本のようにそれぞれの学校に入るための入学試験は特別になく、高校在学中に受けるSAT（大学進学適性試験）の点数で判断される。これは基礎的な理解力を測るためのテストで、語彙と計算能力をみるものだ。SATの充分な点数と教師の推薦状があれば、だいたいの生徒は望む大学に行ける。ハーバードみたいなハイレベルで人気の大学にどうしても入りたいなら、ハーバード出身の先生に推薦状を書いてもらうと入りやすくなるというのを聞いたことがある。

アメリカにも家庭教師（Tutor）はいるけど、日本みたいな受験のための塾というのはあまり聞いたことがない。なぜなら、受験（SAT）の成績をあげたいのなら、計算問題をたくさんやるか、言葉を覚えるために本を読む以外ないからだ。いわゆる日本の入試問題対策みたいなものはロースクール（法学部）や医学部以外あまりないので、ビジネスとして成り立たない仕組みなのだろう。

ちょっと似たような例だと、日本では運転免許をとるために、教習所に何回も通って、何十万円も払うが、アメリカでは20ドルもあれば取得できる。高校の授業にさえ、Driver's Ed.（Driver's Education）というのがあって、広い校庭のはじにあるコースを使って車の運転の練習ができ、路上で運転練習のできる許可証をもらえる。あとは50問のテストを試験場で受ければいい。それは20ドルくらい払えば受けられる。免許証を取るのに何十万も払って何週間も教習所に通う必要はない。

大学も一緒だ。大学に入るための勉強に、何十万も何百万も払うべきではない。日本では入試制度が、予備校業界のためのビジネスになっている。

それにすでに述べた通り、アメリカの大学では一定の審査を受ければ前に通っていた大学の単位を持ったまま他の大学に編入できる。よりハイレベルの学問や、新しい研究をするために学生が別の大学に転入するのはごく普通のことだ。

よっぽど人気ある大学なら別だけど、編入の審査は落とすための審査ではないので、学校もできるだけ学生を受け入れる。万一そこでの学習レベルについていけなかったら、カウンセラーから「もう少しレベルを下げた大学に行ったほうがいいですね」と助言されるだけだ。これも日本の事情とは全然違う。

学費はどうなるんだと思うかもしれないが、1セメスター（学期）単位で支払うこともできるから、編入したらその時点から編入先の学校に払えば良い。そのほうが無駄がないし合理的になっている。「より民主的に、自由に」というのがアメリカの価値観であるから、大学のシステムもだいたいそうなっている。

日本では、一年に一度しかない大学受験と呼ばれる一発勝負で大学に入ったら、ほぼその大学の枠組みの中で卒業まで勉強することになる。自分はアメリカの大学に通って、これはすごく不毛なことだと感じた。より幅広い知識をつけたい学生の能力と可能性を結果として狭めてしまっている。

受験を筆頭に、日本のテストは人材を「仕分ける」ためのテストとなっているのではないか。より多くの生徒に可能な限り学ぶ機会を与えようとか、今はまだ理解の途中にいる学生にもう少し高い学問を身につけさせよう、という考えが全然ないように見える。

進学につまづいた人は、その後ずっと自分にとって不本意なレベルの学校で過ごさなくてはならなく、それが「挫折」の記憶として残る。その上、出身校の大学名が就職やその後の人生でもところどころで影響するという現実もある。

よく考えると、日本の学生は子どもの頃から受験での成功を目標に定めさせ、一度や二度の試験の結果で運命を振り分けられ、その後の進路が固定されてしまうなんておかしくないか。

アメリカではどの大学に入っても最低限の学力さえあれば、自分の学力レベルや目標にあわせて希望の大学へ編入なり転校なりすればいい。はじめに厳しい試験を受けて難関校に入る必要はないし、いつでも専攻を変えられるから色々な科目を取ったその上で生涯を通じ、自分のやりたいことを探し、追求することが許されている。

つまり、「昨日まで理系を専攻してたけど、今日から弁護士を目指すことにしたので、差別の歴史を勉強するために歴史の文系コースに変更します」というのもOKだ。大学にも当然、高校と同じように専門のカウンセラーが揃っているから、もちろん履修計画についての協力やアドバイスをしてくれる。「必修科目のこれまでの単位はこのまま使えるから、今後はこれとこれとこの単位を取って、あと一年もやれば歴史学で卒業できるよ」と助言をくれる。歴史学で修士号を取り、そのあとロースクールを卒業すれば、弁護士になる夢も叶う。

## 印象に残っている授業

自分が大学に通っていたときに、「こんな教科があるんだ」と思って、受けてみたらおもしろかった授業がいくつかあった。

たとえばAfrican American Studies。日本語だと、「アフリカ系アメリカ人学」とでも言うのだろう。これはかつての奴隷貿易のことを含む、アメリカにおけるアフリカ系アメリカ人の歴史的経緯やそこからの現状について学習する教科だ。

テンプル大学は黒人学生が多いことでも有名で、この種の科目がかなり充実していた。自分は日本にいた頃からヒップホップが好きだったこともあり、当時ラップはアメリカの黒人たちの「心の叫び」なんだろうといつも考えていた。未だ人種差別の残るアメリカ社会に生きる黒人たちのサウンドトラックがまさにヒップホップであり、ラップミュージックなんだ、と。だけどヒップホップを十分知るには、自分もその人たちの境遇の疑似体験でもしなければ、このカルチャーを本当に理解することにならないのではないかと思っていた。彼らにどのようなストーリーがあったのか、差別とは具体的にどういうものだったのか、彼らの歴史をより深く知るため、ひいてはアメリカ社会というものを理解するために、そのくらいのことは学んでおかなくてはならないだろうと思い、履修した。

## 目の当たりにした黒人たちの運動

当時のアメリカは「ロサンゼルス暴動（1992年4月～5月）」の前後ということもあり、人種間の軋轢が大きな社会問題になっていた。たとえば白人警察官が不当に黒人に暴力を加える事件がたくさんあったが、ほとんど罪を問われていなかった。日本に住んでいると想像できないかもしれないが、その頃のアメリカは残念ながらまだそんな時代だったのだ。

そういう中で、プロ・ブラック・ムーブメント（Progressive Black Movement）という運動がひときわ盛り上がっていた。1960年代のアフリカ系アメリカ人公民権運動を牽引したマーティン・ルーサー・キング Jr. 牧師や、マルコム・X（アメリカで最も著名で攻撃的な黒人解放指導者として知られている人物）がいた時代にあった「ブラック・イズ・ビューティフル」の意識を復活させよう、という啓蒙活動だ。アメリカ黒人たちが自らの存在や尊厳を保つために、アメリカに連れてこられる前までのアフリカでそうであったように、「自分たちは生まれつき美しい存在なのだ」と声高に主張していた。

1988年くらいに、再びそれが流行してきていて、もともと黒人学生の多いテンプル大学はプロブラック活動のひとつの拠点になっていた。1990年からそこに通っていた自分も、そのような活動を校内で毎日のように目の当たりにしていた。大学のキャンパスで「オレたちはいつまで差別されるのだ」「今は奴隷制はないと言うけれど、自分たちは近代の奴隷制度の真っ只中にいる」という主張をプラカードをかかげてアグレッシブに、情熱的に演説している若者らが何人もいたことに強い衝撃を受けた。

アメリカの黒人差別には400年近くの長い歴史があるけれど、90年代がそれまでの80年代と違っていたのは、「黒人たちはもう黙っていなかった」ということだ。白人に「黙れ、お前は黒人だろう」と言われたら、80年代までの黒人は「うっ……」と押し黙ってしまったけれど、この頃になると「は？　何だって？」って言い返すようになった。周囲の白人も「それは差別をしたお前（白人）が悪いよ」と言うように少しずつ変わってきていた。人種差別とは「無知」によるものだと、その時代のアメリカ人は互いに教えあっていた。そのような変革の時代に立ち合えたのは自分にとって、とても貴重で価値のある経験だったと思う。

とはいえ、実際自分はアジア人で、アメリカでは黒人よりもさらに少数派で立場が弱く、いわば「見えていない存在」だということを思い知った。たとえば、黒人の多く住む地域でアジア人と黒人が交通事故を起こすと、まわりの目撃者たちがそのいきさつを見ていたとしても、全部こっち（アジア人）が悪いことにされた。自分がそんな不条理に直面した時は、「オレはいつもお前ら黒人の味方をしてるんだぜ」と悔しい思いをした。

とにかくこんな感じでいろいろな人種差別を肌で感じ、「やっぱりここは白人が一番偉い国なんだな」とがっかりしたことも当時はあった。昔、福澤諭吉が言っていた「天は人の上に人を造らず」は嘘だったんだと。だからこそアメリカにヒップホップは必要で、それを見ていた自分がその状況を理解し、それを表現する使命があると考えるようになった。

**だって俺オールドスクール　正真正銘**
**そりゃいろいろ見てきたこの両目**
**その辺のヤツより経験多め　そのうえ今でも進行形**

**地元のヤツらとクルー結成し　たぶんあんときゃ**
**フラッシュのメッセージのビデオ　初めて見て興奮**
**聴いてたヒップホップばっか当分　幸運にも**
**高校生になって The Breaks に Planet Rock 買って**

その頃ランDMCも知り　人生も変わったそれっきり
クラッシュグルーヴ　そのまんまキメた格好
上下アディダス　カンゴールハット
スーパースター紐なしで　腕組んで　立ち　覚えて歌った“You Talk Too Much”
“Fly Girl”“Nightmare”“Just Buggin Lali Dadi”
ラップ人生まだほんの始まり
フーディニ　ファットボーイ　UTFO
鏡の前で普通に熱唱
地下鉄に書かれた落書きに
興味もってマネしたグラフィティ
そんとき時代はブロックパーティ　あと聴いてたプリンス　ボブマーリー

――「正真正銘」Kダブシャイン（2005年リリース『理由』収録）

## 必修と専門、そして自分以外の日本人留学生たち

アメリカの大学にももちろん必修科目がある。それぞれの大学や専攻によっても変わるが、自分の通った大学では意外な科目を必須にしていた。例えば、美術史とか、心理学とか。心理学が必修というのは意外かも知れないけれど、人の気持ちを読まないとマーケティングやビジネスで成功なんかできない、ってことなのだろう。美術史にしても、リベラルアートと哲学の関係から自由の成り立ちを学ぶいい機会になる。専攻（Major）があるとはいったけど、アメリカの大学では受けられる授業が専攻によって制限されることはあまりない。

当時のフィラデルフィアのテンプル大学には、自分以外にも日本から来た留学生が相当な数、在籍していた。しかし、彼らはいつも日本人同士で集まり、かたまっていて、積極的にアメリカ人や外国人達と交流しようと考えていないように自分の目には見えた。そりゃ望郷の念もあるから、それが必ずしも悪いとは言わないけど、いつも現地の日本人が経営するラーメンと餃子を出すようなジャパニーズレストランに集まって、日本のビールを飲みながら日本食をいただきつつ日本語でおしゃべりをして、日本から送られてくる流行

りのドラマやバラエティ番組のビデオを借りて見ていた。日本人学生の集団はなぜかいつも姿勢がすごく内向きで、正直言って「この人たち、なんのためにアメリカに来たんだろう」という疑問があった。

自分はそんなことをしていたら金も時間も無駄だし、せっかくそこで生活しているチャンスがもったいないと思い、たいていラップ好きのアメリカ人か、外国人留学生とつるんでヒップホップの話をしていた。そのほうが音楽好きな自分の性に合っていたし、楽しかった。

このような日本人留学生の特徴はもしかしたら今でもあまり変わっていないかもしれないので、これから留学をしようと考えている人はこの現実によく気をつけて、海外生活や勉学を有意義で実のあるものにしてほしい。

## Kダブの進路選択

大学生の時に、自分探しというか、過去の自分を振り返る時期があった。その時、自分はラッパーになろうかどうかということを真剣に考えていた。簡単に言ってしまえば、進路選択に悩んでいたということだ。そのタイミングで自分の現在と過去を照らし合わせ、人生の整合性というか、生きてきた過去に一貫性があったかどうかを自分で思い出しながら確かめるという作業を時間かけてやってみた。

自分には十代の頃、テレビに出たいとか歌手になりたいという「有名になりたい欲求」はまったくなかった。

「ラッパーになりたい」＝「有名になりたい」とは思われがちだが、自分はもともと人前でなにかをやって目立つことに関心があっただろうか、いや、そんなことは全然ない。むしろテレビに出ている連中のことをちょっとダサいと馬鹿にしていたじゃないか。子供の頃からずっと自分らしく生きられればそれでいいと思っていたのだ。自分の知らない人に自分のことを知られるほうが怖いと考えていたくらいだ。

それにそもそもアメリカに行きたいと思ったのはラッパーになるためではなかった。英会話ができるようになりたいとか、アメリカで生活してみたいとか、アメリカの文化に触れ、同世代のアメリカ人がどんなことを考えてるのか知りたいという素朴な理由だった。そしてその頃は、将来は商社マンになりたいと思っていた。なぜかというと、帰国子女の友達は親がみんな商社マンだったから、「商社に入れば外国で生活できるんだな」と安直に考えていた。そのためには英会話や貿易について勉強しなくてはならないんだろうな、という発想だ。

でも、いざアメリカの高校に行ったらわりとすぐのタイミングでジャーナリズムに惹かれた。東西の冷戦や、黒人の差別に対する活動を間近で見て、経験したことで、若者らしく正義感に駆られたとも言える。それでいずれ大学に入ったらジャーナリズムや国際関係について学ぼうと決めたのだ。

そしてその後、晴れてアメリカの大学に入学したわけだが、その後アメリカ文化にも慣れ、学生生活も快適だったので、できるだけ長く滞在するにはどうすればいいのかを考えた。しかし、いきなりプロのジャーナリストとして生きるには、成果を出すまでかなり時間がかかるのではないかと不安になっていた。

そこで、学校の敷地内で働くのはどうかとなった。学校を職場にすれば、誰かに何かを教えながら自分もそこで学び続けられるじゃないか、と思いついた。そこで具体的に考えたのは、大学院に行きながら教員の資格を取って、アメリカにいる日本人学校の子どもたちに英語や日本語を教える仕事に就くことだった。それなら腰を据えてアメリカにいられる。もともと何かを教えることは好きだったし、「学校の先生になるのもいいな」なんていうイメージを膨らませていた。

ジャーナリスト。教師。そしてラッパー。

将来の進路をしぼった時、目の前にこの3つの選択肢があった。

ところが、よくよく考えてみたらこれら3つは全部繋がっていることに気づいた。

この頃の自分の根底にある欲求は、「自分の目で見て知ったことを発表したい」「実際に何が起きているかを教えたい、伝えたい」ということだった。そしてある時ラッパーになれば、ジャーナリストと教師の両方を兼ねることができるということに気がついた。

それで自分は最終的にラッパーになると決めたのだ。

ラッパーになることができればそれまで自分がやりたいと思っていたことをすべてカバーできるし、同時にアート表現の場も持てる、と判断した。

かくして自分はラッパーの道を選んだ。

それは夢や過去の自分を捨てたわけじゃないし、ずっと目的意識が根底でつながっていることも腑に落ちた状態で選択できた。少しこじつけかもしれないけど、過去の自分を振り返った時、そこにその時の自分がやっていることの「種」を見つけられたことで納得できた。自分は決してブレていない、という確信を持てたし、その後の結果を見てもこれでよかったと思える。

学生の時はそういうことをじっくり考える貴重な時間がたっぷりあるし、現実的に進路を決める必要に迫られる時がくる。しかし、もし君が学生でなかったとしても、いつでもどこでもこういう機会を意識的に設け、自己分析することは大事だ。特に若い時は、回り道をしたり、立ち止まって考えられる時間があることを貴重だと思うようにしよう。

そしてたとえ若くなくても、この先死ぬまでまだまだあるのだから、今からでも遅すぎるということはない。

## なぜ大学をやめてラッパーに？

大学に入った時点で自分はジャーナリストを目指し、国際政治を専攻していたのだが、その後在学中に、「人になにかを教える」のも悪くないと思うようになった。大学にいた時に、大学院生が講師として学部生を教えるという場面を見て、そういう姿に憧れたというのが大きい。学校を職場にすれば、ずっと永遠に何かを学び続けることができ、すごく充実しそうだと思った。まあ、それがどういうわけか結果的にラッパーになったのだけれど。

ラッパーとしてやっていくぞと腹が決まるまでは、意外と真面目に大学に通っていたのだが、音楽ができる環境が整うにつれて、だんだんと足が遠のいてしまった。日本にいる時から仲の良かった友達の住むニューヨークに、毎週アムトラックという長距離鉄道の列車や、自分の車で遊びに行ってるうちに、大学に通う気も頻度もだんだん落ちていった。はっきり言うと大学の勉強をおろそかにしても、ヒップホップの情報収集だけでよくなっていた。この頃からラッパーとして活動したいという「本当の自分」が出てきた、とも言える。その時そうすることが、そこにいる自分の運命であり宿命だと思い込むようにもなった。日本から来た日本人で、アメリカのラップシーンに関わっていて、ヒップホップを熟知している人はまだその頃、他に知らなかったので「ここで自分がやらずに、誰がやるんだ」と考えていた。

ただそう感じた時によく考えたら、ジャーナリストも、教師も、自分が見聞きしたことをより多くの人に伝える仕事であり、それはラッパーになってもできると考えていたことを思い出した。

それでふと「オレはラッパーになって、なにを伝えたいのだろう？　なにを表現するべきなんだ？」と、あらためて振り返ってみた時、やはりそれはジャーナリズムではないかということに気づいた。「今、社会ではこういう問題が起きている。だからこういう視点を持ってそれを多くの人に伝え、社会全体で考えなければ、これからの時代を乗り越えられない」というメッセージをラップで表現したいと思うようになった。

ジャーナリストと教師、アプローチや見せ方は違うけれども、役割は本質的に同じで、未来にとって、社会にとって、有益な情報を提供することは、あらためてこれまで自分のやってきた活動を振り返ると結局、自分の夢は叶っているのだ。

## アメリカへの憧れと渡米

そもそもアメリカへの憧れは、まだ日本にいたときだった。映画、音楽、スポーツなどから、中学生の頃はアメリカのポップカルチャーにすごく惹かれていた。渋谷の公立の小中学校に通っていたから、身近にタワーレコードやソニープラザ、古着屋とアメリカの雑貨や商品を置いてある店がたくさんあり、そういう店に行ってるうちに自然とハマり、いつの間にかアメリカに憧れるようになっていた。

近所に住むアメリカ人と友達になったり、話しかけてキャッチボールしたりしていた。それで中3くらいのときに、英語で音楽や映画の話しをするのが面白いと思い、その頃から英語を使えるようになりたくなった。

時を同じくしてその頃、渋谷や六本木で夜遊びなどをし始め、「なんだ、けっこうろくでもない大人ばっかりいるな」と思うようにもなった。チャラチャラしてるわりに、自分に大した自信がなくて、虚栄心とか権威主義の塊で、上の人にはペコペコするけど、下に対しては偉そうにする、いわゆる「遊び人」がいっぱいいた。当時、そんな人たちを「ダサいな」と思うようになり、これだと自分が東京で得るものはもうあまりないな、と思うようになっていた。

そこからなぜアメリカの高校に行く気になったのかについて、もう少し説明しよう。

中3の時、高校受験に失敗して、自分が志望したは高校に受からなかった。そしてすべり止めの高校に入る選択肢しかなくなり、いやいやながらも通い始めると、いきなり全く水が合わないという印象を受けた。しかもそこの教師らとも相性がめちゃくちゃ悪くて、けっこうひどい扱いをされた記憶がある。入学2日目か3日目くらいの体育の授業中、近くにいた子とひそひそ話をしていたら、いきなり「お前ー!」と呼ばれ、他の生徒たちの前で信じられないくらいボコボコに殴られた。それでその時、左耳の鼓膜がやぶれてしまった。今だったら大問題だ。シャツの襟をつかまれて「大人をなめるな!」と何度も殴られ、「調子に乗るな」と罵られた。こういう都会っ子っぽいやつを見せしめとして最初に押さえつけておけと思ったんじゃないか。確かにその頃の自分は生意気でスカしていたし、見た目もおそらく他の子に比べてかっこつけていると思われ、恰好のターゲットにされたのだ。

いつもなら何も言わないうちの母親もさすがに出てきて、「入学直後にこれはないだろう」とクレームをつけたら、結局教師が数人で家まで謝りに来た。「もうこいつにはあまり触れないようにしよう」ということになったのだろう。そこから学校をサボったり、好きな時間に登校しても何も言われなくなった。何も言われないかわりに、単位ももらえないから、しばらくして中退することにした。こんな、人を人とも思わない、野蛮な学校に行く意味はないとそこで見限り、いろいろ情報を集め、すでに述べたようにアメリカの高校へ交換留学制度を使っていくことを決心したのだ。

それでいざアメリカに行くと、誰も教師に殴られていないし、そもそも先生と生徒の関係性が日本とはまったく違っていた。日本の担任制度に比べれば少しドライで事務的ではあるけど、愛嬌のある先生はそれなりにみんなに好かれていたし、とてもフレンドリーだった。

よくアメリカ青春映画のシーンにあるように、授業が終わる度に、ジリリリリッてブザーが鳴り、わーっとみんな一斉に廊下に出る。自分のロッカーへ行って、前のクラスの教科書をしまったら次の教科書を持って、また他の教室へ友達と話しながら向かう。あの見るからにブ厚く重い教科書だ。とにかく今まで経験したことのない自由な雰囲気に驚いて、映画で見た、あのままの学校生活の光景に感激した思い出がある。

## アメリカの大学生の就活事情

ここまでに何度か言及しているがアメリカの大学では、在学中にインターンをやると関連の教科やコースの単位を内容に応じてもらえる。最近では日本でも同じような制度があるみたいだけど、アメリカではより実践的だ。

たとえば、大学で文学を専攻していて、将来は編集者になりたいと思っていたら、学生のときから出版社でアシスタントとしてパートタイムで働かせてもらう。最初はアルバイトとしてスタートすることが多いけど、とにかく実際の仕事に関わっていく。インターンとして一人前だと認められたことを大学に申請してそれを学部が認めれば、卒業のためにカウントされる単位をもらえる。インターンの仕事は大学の授業に比べてもより実践的な学習なのだから、教育機関側が認めないということはまずない。そのまま経験を積んで実力がつけば、インターン先の会社で雇用の内定をもらえるというパターンはアメリカでは普通だ。

自分も、日本のテンプル大学に通っていたとき、NBCというアメリカの三大ネットワークテレビ局の日本支局でバイトをしたことがある。ジャーナリズムを専攻していたから、そこでの仕事がインターン活動になり得るわけだ。残念ながら、自分はインターンとしてそこで長く経験を積む前にやめてしまったけど、あのままデスクのバイトを続けて、だんだん記事を書けるようになっていたら、いずれジャーナリストとして認められ、あの会社に就職していたかもしれない。

アメリカではそういった進路とはまた別に大学を卒業してもすぐに就職しないで自分はまだ世界のことや、世の中についてなにも知らないから、"A Year Off" として一年間くらい放浪の旅を自分探しのためにする人もざらにいる。その間にいろいろな土地を廻り、納得のいくまでやりたいことを模索してから進路を決める。外国に行ってそのままその国に住み着いてしまう人もいる。余談だが日本でもたまにそういう人を見かけるけど、なんとなく「不思議なひと」として変わりもの扱いされることがなぜか多い気がする。

## 日本の学歴主義

アメリカの職場では、「あなたは誰？　で、何ができるの？」というのが最優先に気にされる。どこの大学出身なのかは、二次情報として訊かれることもあるけれど、実際にはそこまで重視されることではない。

ところが日本は違う。

自分も第一志望ではない高校に行かざるを得なくなったとき、これでもし大学受験がうまくいかなければ将来は一生Loser《ルーザー》（負け犬）と言われることになる、と気づいた。だからだと思うが、その時は渡米してアメリカの学校から卒業証書をもらって帰れたら、みんなを見返すことができると考えた。その後、その考えが間違っていることに気がついたが、その時はそれが当たり前だと思っていた。

ところで、なぜ日本人は本質を見たがろうとしないのか。学歴主義もそのひとつであろう。これでは誰もが権威主義と虚栄心の奴隷になってしまう。日本は国の歴史が長いせいもあるからか、誰もが世間で「権威」とされるものを手に入れ、自分を大きく見せたいとする「虚栄心」が養われやすい。他人をそうやって見る習慣がどういうわけか日本人にはついているのだが、それは正直なところ罪（Sin）なことだと思う。自分の目で人の本質を判断するよりも、噂や評判を基準に人選するから、常に偏ってしまう。

昔は日本にも「損して得取れ」や、「負けるが勝ち」の、どうしても勝たなくてもいいという価値観があったのに、今はあまりそういう情緒を大事にしなくなった。本来なら生きる上の価値観として善悪こそが大切なのに、今は「善悪」の視点がなくなり、自分にとって損か得かでしかモノを考えなくなってしまった。物事を「損得」でしか測れないなんて人として、そんな寂しいことはないし、嘆かわしいとしか言いようがない。

おそらく日本がこうなった理由は、敗戦後のGHQ政策によって、日本人がそれまでの過去とバッサリ断絶させられたからではないかと分析している。

同じく奴隷貿易により過去の歴史を奪われたアメリカの黒人たちは、自分らの失われた「歴史」や「尊厳」を取り戻すためにヒップホップを活かした。

アフリカから奴隷として連れてこられ、生まれつき二級市民としての扱いを何百年も受け続け、その階級を強制的に受け入れていたのだが、「いや、それは違うだろう」と立ち上がった。先祖がアフリカにいたとき、彼らはもっと気高く、自尊心を持った存在だったと、想像でも神話でもいいから、遠いアフリカの故郷（マザーランド）と精神的に繋がることで、アメリカの黒人同士が全員ブラザーズ＆シスターズとして互いを尊重できるよう工夫した。彼らは、自分たちが滅びてしまわないよう死ぬ気でやったんだ。いや、過酷な労働や、精神的苦痛で死んだり、殺され、命を落とした者もいた。個人的に、もしこれが他の人種だったら全滅していたのではないかと思ったことがある。

日本人においても過去との断絶によって、武士道の時代や、戦争、そして特攻隊と、それらのものはいつもネガティブに語られているが、元々は自己犠牲の精神のようなもので、自分はここで散ってもいいから、次の世代の子たちや、未来を生きる者たちが、幸せになれるようにという願いがあった。

しかし、そういう心意気をすべて「愚かな戦争」に行った「愚かな軍人」の「愚かな精神」として自分たちの歴史観を完全否定する考え方を戦後教育によって受け入れさせられたことで、「勇敢に戦うこと」イコール「損をすること」と刷り込まれてしまった。

GHQや進駐軍のアメリカ人が帰ったあとも、アメリカの言う通りに服従することで得をした連中がいた。忌憚のない言い方をさせてもらえば、その者たちが「売国奴」であり「国賊」であり、今も政界、財界を跋扈している。

50年前に自決という道を選んだ三島由紀夫は、かつて彼が産経新聞に寄稿した文のなかで「このまま行ったら『日本』はなくなってしまう」と表現したように、そのような連中に憤っていたのだろう。

「謝っとけばいいんだよ」「バカなふりしとけばいいんだよ」「子どものフリしてれば米軍が守ってくれるんだから」と、事なかれを良しとして、そのような卑しい態度を「賢さ」としてしまうから、本当に残念なことだけどこんな国になるのも仕方がない。そんな状況なので、当たり前と言えば当たり前だが、損得でしか考えない経営者が多いのもまた事実だ。きっとどこの社長にしても、「人を雇って、その家族の生活も支えているのだからしっかり社会貢献をしている」と思う人は実際のところ多い。でも、本当はその人たちが幸せなのかどうかを考えなきゃいけない。食い扶持さえ与えていれば「ワシは偉いんだ」っていうのでは、目も当てられない。

そんなことがこの日本をダメにしてきたんじゃないのか、とここで改めて世の中に問いたい。

**甘えの構造**

締めにつけ加えたいのだが、もうひとつアメリカ生活体験で発見したものに、「アメリカ人と日本人の子どもの育て方が大きく違う」という事実がある。

日本だと、赤ん坊が泣いているとすぐに抱きかかえてあやすのが普通だと思うが、アメリカの場合、そうしたいのは山々だけど、心を鬼にして放っておいている。

飼い犬で言う、「要求吠え」にいちいち応じると、犬もそれを当たり前と学習し、何か欲しいときは吠えさえすればいいといつまでも甘えるようになる。おそらく人間も同じなのだろう。

アメリカはどこも家が広いし部屋数も多いから赤ちゃんは子ども部屋にひとりでいさせ、赤ちゃん用のベッドに寝かせている。一応、監視用の小さなカメラやスピーカーをそばに置き、なにかあったらすぐ対応できるようにはしている。もし泣いていたら様子を見には行くけど、すぐに抱き上げてあやしたりしない。

日本人は住居が狭いとか、泣くとやかましいからってのもあるけど、すぐ抱き上げてあやすのが当たり前になっている。それが日本人に「泣けば許してもらえる」とか「親が代わりになんとかしてくれる」という甘えを子供の頃に植え付けている気がしてならない。

その違いを見ているとアメリカ人に「自立心」というものがたたき込まれているのは、そういうところからなんだろうなと感じた。幼いうちから泣いてもすぐ助けが来ないという現実を慣れさせることで、親離れ・子離れを早い時期に教えられる。日本では特に男の子に対しては、母親がご飯も洗濯も全部やってあげることが多いが、平均的なアメリカ人だと大学に入ると寮で生活を始めるので、身の回りのことはわりと自分でやれるようになる。というかやらなくてはならないのだ。そんな自分の生活に責任を持つところからキャンパスライフを始めるのが、独り立ちする上での基本じゃないのか。

日本の親子関係は親が子離れできないことで、子供が大人になっても親に依存するクセをつけさせてしまうのが問題だ。

# 第4章 日本の教育に取り入れるべきもの

# もし俺が総理大臣だったら教育大事にしたかった

――「コードナンバー0117」キングギドラ
（1995年リリース『空からの力』収録）

## 現代は「デジタル・シビル・ウォー」という乱世

日本の教育には、物事をじっくり考える訓練と、考えたことを伝える訓練が足りないというのが長年の持論だ。受験勉強は長年にわたって圧力を与えすぎるし、教室制度は極端に閉鎖的すぎる。

この本の前半で訴えてきた通り、まずは子どもたちが自分でじっくりと考えてのびのびと過ごすことができる教育の場を用意することこそが日本社会の急務だ。自分は高校生の時にアメリカに渡ったので、幸運にもそういう環境に身を置くことができ、その重要性をよく実感した。

ところが、日本では子どもたちだけでなく、大人も常にせわしない日々を過ごしている。

もはやこの時間的、精神的な余裕のなさは日本社会全体の由々しき問題だと言える。だが、それを理由にこの問題に向き合うことを放棄してしまっては、これからの厳しい時代を生き抜いていくことはできないだろう。

自分は、現代を「デジタル・シビル・ウォー」の時代だと確信している。案件ごとに大きく2つの極論に分断された集団同士が、メディアやインターネット上で互いを攻撃し合い、拡散されている。本当とウソの見分けにくい情報が錯綜し、ものすごい速さで世の中が分裂していっている。

この乱世を生き抜くには、一般的に「自由」「公民権」「文明（人類史）」について、今まで以上に学んで理解しなければならないと考えている。大人たちはもちろんのこと、可能であれば、学校教育に科目として直ちに取り入れるべきと思っているくらいだ。

自分はラッパーだから、無責任に間違ったことを言えないというのもあり、歌詞を書くときに物事を単語の意味や使い方から考えはじめることが多い。そんな自分からみると、現在の日本人は言葉の捕虜になっているのではないかと感じている。どういうことかというと、それぞれの言葉の本当の起源を知らずに使う人が多い気がするのだ。

たとえば「自由」という言葉の意味を説明できるか、ということだ。つまり森を見た時に、木や、幹や、枝や、葉も見えているか。森を森としか認識できていないんじゃないか。特に、英語から日本語の標準語になった言葉や、意味がきちんと理解されないまま使われているカタカナの省略語なんかには、注意深く接したほうがいい。なにかひっかかるものがあったら、辞書を引いたり、自分なりにじっくりその言葉を語源から日本語に訳して考えてほしい。誤訳がそのまま広まっていることもあるし、使い所が間違っていることも珍しくない。

自分は、アメリカと日本のメディアを見比べていた時に、この問題に気づいた。アメリカの報道番組では「自由」や「公民権」といった言葉が頻繁に使われるが、日本のニュースではほとんど聞かない。例えばアメリカだったら「公民権」と言うような場面で、日本では「人権」と言っている気がする。

このように、単なる間違いだけでなく、その言葉の概念自体が忘れ去られたり、重要視されなくなっていることもよくある。

この章では、日本全体に向けて「言葉」を軸に、自分が日々考えている理念を伝えたい。これを読み、自分なりの考えを深めるきっかけにしてもらえたらとても嬉しい。

まずは、日本社会を改善するためにも、自分が今もっとも重要だと考えている「自由」、そして「公民権」という二つの概念を中心に説明しよう。

## 日本とアメリカにおける「自由」という言葉

多くの日本国民が本当の意味で理解していないと思う言葉の筆頭は、いまさらなのだが、「自由」だ。

まず第一に日本語の「自由」という漢字が良くないのではないかと思う。「自」という文字があるせいで「自由とは、個人が自分勝手に生きること」だというイメージが広まってしまっている。しかしよく見ると、英語のフリーダムにもリバティにも、セルフ（自分）という意味は含まれていない。自由とは、自分だけでなく個人個人と同時に社会やコミュニティ全体でも共有すべき概念なのだ。

本来、気ままで好き勝手に生きることを「自由」とは呼ばない。何事も自分の考えで決断し、自分で行動し、何かあったとしてもその結果をすべて自ら引き受ける責任までが「自由」で、やりたい放題やって後始末もしないのは、「無秩序」ではないか。ぜひその違いを覚えておいてもらいたい。

一方で、アメリカ人の使うフリーダムには「自分たちの住む地域社会を、自分たちの意思で住みやすくしていく」という発想が含まれているのだが、日本語の「自由」という字面からは全然そういう感じがしてこない。なぜなら、アメリカ人はそれまで植民地として統治されていた土地を、自分たちで革命を起こし、独立を成し遂げ、自治していくために自由を手に入れたからだ。

そして英語圏では当然のこととされている「私にとっての自由とあなたにとっての自由は基本的に平等だ。だからお互いにそれぞれの自由を尊重しよう」という共通認識も生まれにくい。

またアメリカの自由は、「ダメと言われていること以外はやっていい」と考えられている。ただし、それはそれで各々の自由がぶつかりあうことがあるから、そういう時は話し合って互いに納得できる落とし所を探そう、ということになっている。とてもフェアなやり方だ。

その一方、日本の自由は、「やっていいと言われていること以外はダメ」「これならいいよ」というお墨付きをもらってやっと「ここまではやっていいんだ」となる。これは物事の良し悪しが誰かに決めてもらわないとわからないということになる。はみだしたことをすると他人から一斉に叩かれるかもしれない。だから「他人の目から見てこれはダメかもしれない」と思うと考えが萎縮し、何もできなくなる。なんとなく臆病者になってしまう。すなわちこの姿勢は自立とははっきり言ってほど遠い。自立してはじめて自由を主張できるのだ。

## 自由の教え方と「民主主義」について

では本当の「自由」について、子どもたちにどうやって教えればいいのか。

これは学校の教科にするのがいいと思う。そしてまず、子どもたちの好きなようにやらせることだ。遊びでもなんでもいい。例えば数が限られているおもちゃをみんなで使わせる。きっとはじめのうちは力が強い子が独占したり、ズルをする子が出てきたりするだろう。そのことに不満を感じる子どもが現れてきたら、全員で集まり、その問題について話し合わせるのだ。

はじめに大人がルールをきっちり決めてしまうのではなくて、子どもたちに自分たちで納得できるように話し合わせることでルールを決めさせることが大切だ。そうすれば、誰かが不公平に優先されたり取り残されたりしないよう、お互いの感情や主張を尊重することを知り、そこにいる全員に共通の公平なルールや常識があるということが理解できるだろう。みんなが少しずつ我慢することで成立するし、その我慢も自分たちが決めたということで納得できる。またなにか問題が生じたらそこで話し合えばいい。

自分たちが何も考えずに最初からあるルールに従うのは、それは自由でもなんでもない。自分と相手の主張をしっかり話し合えること自体が自由への道なのだ。

よく民主主義は「多数決」と言われるが、決してそれだけではない。民主主義というのは、まず自由の前提があって存在している。その社会共同体に属するそれぞれの立場の人が自分の意見を言い、じっくり話し合って決めるのが民主主義の本質だ。多数決にするのはどうしても意見が割れたときの最後の手段だ。議論がある程度出尽くしてからやることだ。

だが今の日本の民主主義は、まさに多数決至上主義に陥っている。

日本は昔から「学級会」民主主義だから、ろくな議論もせずに「これがいい人〜?」と手を挙げさせるだけ。議論や討論をしないで決を採れば、他方の気持ちすらも知らずに自分たちだけが得をする案に手を挙げざるを得ないだろう。

それでは不充分であり、お互いの言い分を理解して、自分だけの損得でなくみんなの共通利益を追求することが本来、民主主義の向かうべき理想である。

そこで、前章でも書いたが子どものうちからディベートできるようになる思考法を教えることが大事になってくる。討論の途中で対立する意見の立場を入れ替えたり、良い先生なら生徒たちが思いつかないような声なき声の少数派意見も出すことで、考えを幅広く、より深めていく助けになるだろう。このような自由のための教育や授業が民主主義の訓練にもなる。

## 民主主義をプラクティスしよう

日本は、戦前はいわゆる天皇主権と言われていて、国民に主権のある民主主義を採用して実はまだ70年ほどしか経っていない。そしてそれも、戦後GHQから与えられた贈り物のような民主主義だ。今ある日本の民主主義なんて西ヨーロッパやアメリカに比べればまだまだ赤子のようなものだ。

アメリカにしても、250年前に突然独立したわけじゃない。そのまえに百年近く、独立戦争へ向かう火種はあった。植民地としての圧政を受け、過酷な搾取により何十年も何世代も辛い思いをしてきて、もういい加減、不当な専制制度に対して我慢の限界だと民衆が一気に奮い立ち、蜂起につながった。

これに比べ、日本には民衆が立ち上がるほどの動機などはそれほどなかったというのが事実だ。確かに先の戦争は間違いなく悲惨であったのだろうけど、国民が皇室に不満を感じていたわけではないから、民主主義を主張する動機がそもそも乏しかったのだと思う。だからこそ日本国民は二百年近く民主主義を遅れて始めた分、何倍も勉強して会得しなくては理解の差はただただ広がる一方だ。

英語では、思想やアイディアを「プラクティスする」という表現をする。このプラクティスは単に「練習する」ということではなく、「より理解を深めるために訓練する」とか「より上手に使いこなせるよう実践する」という意味が含まれる。たとえば「法律をプラクティスする」といえば、「法律を扱う」「法律の熟練者になる」という意味になる。

日本人は、もっと時間をかけて民主主義を本格的に使いこなし、実践できるよう議論を重ね、じっくりプラクティスしていかないといけない。

## 自己表現（Express Yourself）

アメリカでは、アート、音楽、演技、ダンスなどをやっている人はみんな自分の活動を「セルフエクスプレッション」と呼ぶ。意味はもちろん〝自己表現〟ということで「Be yourself（自分らしく）」とか「自分はここにいる」という主張を芸術で表現することと考えている。「自分の心情を形になるもので表現できないなら、やる意味がない」と信じている人ばかりだ。そして別にアーティストでなくてもこの考え方はごくごく一般的で、自分の考えを言葉や作品で自己表現することに積極的な人がいたって大多数いる。

しかし日本ではアートで自分を表現しよう、という声をあまり聞かない。控えめでいることが美徳だと思っているのかもしれないが、実際に売れているアーティストでも表立ってそう発言する人は、限られているように思える。

自分は小学生の頃から図工でも、他の人の意表をつくものを描いたり作ったりして自分自身の想像を形にすることが好きだった。でも今思えばそれは学校では必ずしも良しとされていなかった気がする。教師によっても評価、好き嫌いが分かれていた記憶がある。

美術や図工の評価の基準が、手本通りにできているかとか、ただ単に技巧的で見栄え良くできているかだと、いつまで経っても自分らしさを表現する力はつかないし、あえてそんなことをしようと思わない方がいいということになる。それゆえ、「自分を素直に表現する」という考えは、大多数の日本人には学校ではっきりと意識的に教えないと身につかない。それを経ずに、大人になってからいざなにかを世間に主張したくても、とっさには上手くいかず、何かと躊躇してしまうのではないか。

もちろん音楽や芸術じゃなくとも、自己表現は可能だ。

たとえば自分はエンジニアになって良い機械を開発してこの社会に貢献したいとか、宇宙飛行士になって自分が宇宙で見たものを地球の人々に伝えたいとか、そういうのだって自己表現なのだ。だから、将来の夢を語るときに「◯◯になりたい」だけで終わらないで、「◯◯になってこういうことをしたい」というのが欠かせない。ひとことで言うなら、「何になりたい」ではなく、「何をやりたいか」をイメージすること。それが本当の自己表現ということだ。◯◯っていうのはただの肩書きや立場であって、最終目標ではない。なりたいものになって何をしたいのか、つまり自分を使って何を表現するのかというゴールを考えることをすすめたい。

## アーティストたちの発信

思うに、日本のシンガーやラッパーは海外のアーティストと比べて、社会的とまでは言わなくても、自分たちの音楽を聞いてくれるリスナーたちの不安や不満を代弁するようなメッセージをあまり発していない印象がある。もしかしたらアルバムの中に一曲や二曲そういう曲があるのかもしれないけど、あまり話題にはなっていないように見える。何十年もキャリアがあるベテランシンガーソングライターにしても、そういう表現をする人はごくわずかだ。

音楽雑誌や音楽番組というメディアにも、もっとコンシャスな作品やメッセージ性のあるものを伝える役割があると昔から思ってるのだけど、日本の音楽ジャーナリズムはそれをあまりしているとは言えない。

聴き手のほうも、アーティストが社会的なメッセージを発することを敬遠するきらいがあり、大々的にやるとなぜか変な注目のされ方をしてしまう。

それに加えて、時々若いアーティストが社会的あるいは政治的な発言をすると「わかっていないくせに発言するな」と各方面から叩かれて炎上するのもしょっちゅう見かける。アーティストがそういう主張をするとファンも困惑するみたいだが、好きなアーティストの心の奥底にある本音を聞きたいと思うのが、真のファンではないだろうか。
実はこれは「公民権」という概念が日本に根付いていないのが原因だと思っている。

**公民権（Civil Rights）**

次はその「公民権」について話したい。残念ながら、あまり日本では日常生活において見聞きしない単語だ。英語でいう「Civil Rights」が日本で使われる時は、ざっくりと「人権」として訳されることが多い。ところが、人権は英語だと正確には「Human Rights」だ。Civil Rights は本来「公民権」と訳されている。

アメリカのニュース番組や報道記事を見たり読んだりしていると、日本の報道だったら「人権」と言いそうな場面でほとんどの場合「公民権（Civil Rights）」と言っていることに気づく。

それは、なぜなのか考えてみると、「civil（シビル）」という単語自体があまりわかりやすく日本語化されていないことに気づいた。

## 一般人ではなく市民になれ

そこで日本における「他人や地域へコミットする」ということについて触れておきたい。他人や地域へのコミットに消極的になる原因の一つは、日本人の持つ「一般人」という概念だ。これが自分たちを大衆化するための言い訳になってしまっている。自分のことを「どうせ無力だから」と言い、いわゆる「一般人」の立場に置くことで、「私はこの問題にこれ以上コミットしません」という意思表示をする市民が実に多い。社会で起きている自分によくわからないことや面倒な問題は「当事者と偉い人たち（政治家や専門家）がなんとかしておいてよ。ぼくらは無関心でいてもいいでしょ、あとはおカミにお任せします」という丸投げ状態で平気な顔をして、「一般人」でいたがる。

社会に積極的に参加せず、まわりから見てああでもない、こうでもないと騒ぎ立てるだけの「一般人」は、「市民」ではなくただの「ヤジ馬」でしかない。

その点、一般的なアメリカ人は概ね、Civil（シビル、文明）とかCivilian（シビリアン、公民）という意識を国民性として持っている。これも日本人がもっと取り入れるべき考えの一つだ。シビリアンは日本語に訳すと「公民」であり、「一般人」とは異なる。わたくし個人ではなく「我々」、「集団」を指す言葉なのだ。したがって、アメリカ人は「一般人」というより「公民」や「市民」としての自覚を持っているのが普通だ。

日本では、日常会話でも、報道番組でも全くと言っていいほど「公民権」という概念が聞こえてこないし、話題にもならない。ほとんどの場合が「人権」という言葉に置き換えられ、「公民権」という言葉がないのかと思わされてしまうくらいだ。「公民権」はとても大切な「人間性」を表す表現なのだが、「人権」もそうではあるので、どうしてもそちらだけが使われることが多い現状だ。

何が言いたいかというと、日本でもアメリカと同じように、ひとりの個人だとしても社会を構成する一員として公に人の役に立ったり、公共のためになにかを尽くすという意志が大切で、それは尊敬されるべき行いだとしっかり学校で教えなければいけない、ということだ。

少なくともアメリカを見ていると、あらゆる場面でそういう意識が垣間見える。たとえば軍人に対しても、彼らを過去に祖国のために戦った英雄として称えるため、メモリアルデーとかベテランズ（退役軍人）デーという祝日が定められていて、毎年国を挙げて派手に祝う。

日本にも消防士とか警察官になろうって人はいるわけだから、自ら身を挺して人のためになにかしたいという人もかなりの数、いるにはいる。でもそういう人は「優しい立派な人」と言われても、普段から「英雄」や「尊敬すべき人」としてあまり扱われない。日本で羨望の眼差しで見られる「成功者」といえば、年商何十億の金を稼ぐスキルがある人というイメージが強い。どれだけ人のために役に立ったかより、どれだけたくさん稼いだかが尊敬の基準になっている。すべての社会的評価がいつも損得で決まってしまう、こういった現在の日本を真剣に憂いている。

**語彙の探求**

1861年から1865年にかけて、アメリカでは「The Civil War」という戦争が起こった。日本の歴史教科書でそれは「南北戦争」と訳されている。でも日本語訳では「Civil」という意味を伝えきれずに、単純に地理的な南部と北部の戦いのようになっている。

イギリスで17世紀にもCivil Warはあったが、アメリカの「The Civil War」は、表向きは奴隷を解放するための戦争で、当時のアメリカ建国の理念をめぐってこの時代の人々の人間性を改革した内戦だったと言える。市民戦争と訳すのが本当は正しいのではないか。

そしてこのCivilという単語には市民の他に技術や文明という意味も含まれている。文明と訳されているCivilizationも、単に技術を手に入れることだけでなく、その便利さによって人間性を高めることが「文明」の本当の意味であるのだ。そういう意味でアメリカの「The Civil War」には、市民同士の対立だけでなく国全体としてより文明的になるための内戦だったのだ。ところが日本語訳になっている「南北戦争」という呼び名からは、そのような国民国家を進歩させるという意味は、残念ながら全く感じられない。

日本は明治時代にそれまで使われていた「江戸時代の言葉」から、今の「標準語」に変わった。おそらく明治政府がそのタイミングで輸入した外国語を日本語に変換することで新しく「日本語」を作ったと思うが、南北戦争に関しては概念として完全に理解されなかったか、もしかしたらおカミにとって何か都合の悪いボキャブラリーは「訳語」として日本語化しなかった可能性もあるかもしれない。

そのようなことに疑問をもって、自分なりの仮説を立ててみるとどうだろうか。なぜこの単語はここで正確に訳されなかったんだとか、どう訳すのがより適切だったのかと、考えることで言葉の感覚を磨くことができる。

そしてその仮説のまま、他のニュースや映画にも触れてみる。そうすると、「自分の予想はだいたい合ってる」とか「この訳はちょっと違う」というパターンがだんだんわかってくる。このような習慣をつけると、使う言葉の意味を考えるときにも「この言葉はもともと欧米にあったものや概念が日本に渡って来て、この単語に形を変えたんだな」と頻繁に気づくようになる。日本人は今の国際時代、直訳を暗記するだけでなくこういった言語感覚をもっと鍛えたほうがいい。

知らない言葉に出会ったとき、多くの日本人は「この言葉の意味はなに?」と訊く。訳すときも「Apple」は「りんご」というふうに、直訳して別の単語に置き換える。それが当然だと思っているかもしれないが、言葉はそんなに単純ではない。「りんご」くらいならいいけれど、もっと複雑な概念とか考え方は、別の言語に正確に表現できる言葉がないことも多いのだ。だから単純に直訳を記号として置き換えるだけではダメだ。その訳語に本来の意味が宿らなくなってしまうことがけっこうある。

それに対して、英語圏の人たちは普段から言葉の意味を知りたい場面では「この単語の定義はなに?」という訊ね方をする。この言葉の指すものはどこからどこまでの範囲を示しているのかというニュアンスだ。それをまず確認して、ワードチョイスを慎重に吟味する姿勢を身につけると、身の回りに起きていることの深い理解につながる。その具体例をここでいくつか示していきたい。

## ヒト（Human）と人間（Human Being）、個人（Individual）

一般的にヒューマンと言うと、だいたい誰でも人間のことを思い浮かべる。しかし英語では「オレたちはHumanだ」と言うよりも「オレたちはHuman Beingだ」と言っているのをよく耳にする。どちらかというとHumanはいわゆる生物学的な分類上の人類やヒトのことを指し、Beingを入れたHuman Beingは「生きている人間」という意味として使われる。「オレたちは人間だ」というとき、「生きている人間だ」という表現を使うことが大事で、生きている実感を持ちながら日々歩むことを意識させる。

生物カテゴリーとしての「人類」ではなく、自分で呼吸をして、人間性を実感することで、人間らしく生きているという意味がそこに存在するということを覚えておこう。

次に個人（Individual）について。日本では「個人」と「私」の概念がはっきりしてないことにあるとき気がついた。本来、個人（Individual）というのは、公（Public）を構成する一人一人のことである。

日本語で「個人」と言う場合、公の一部であることを無視した勝手気ままな「私人」というニュアンスになっている場合が多い。公と一線を画し、自分のありのまま自分らしくいる状態が「私人」だ。しかしそれは「パーソナル」な極めて私的なスタンスであって、共同体の一部を構成する立場ではないので、自己中心的に生きる一種のひきこもり的な存在だ。「自分も公共を構成する一人だ」という主体性を持ち合わせていない人ということになる。個人（Individual）とは本来、共同体の中で機能する存在でなければいけないのに、「私人」とはそれをしようとしない者のことだ。

しかし、これからは日本でも個人の存在が強くならないといけない。強い個人が集まって強い家族ができる。強い家族が集まって強い地域共同体ができる。強い地域共同体が集まって強い地方自治体ができる。強い地方自治体が集まって強い国民国家ができる。これこそが真の民主主義を構成するものだ。

個人、家族、地域共同体、地方自治体、国民国家という意識の流れが、民主主義制度の基本になるのだ。今の日本はこの流れが国から個人へと逆になっているから息苦しく感じるんだと思う。

**プライバシー（Privacy）**

今の時代が監視社会と言われるようになって久しいが、プライバシーというものに敏感にならざるを得なくなる現実がある。そこで気づいたのは、日常会話で使われている「プライベート」には、日本語訳として「私生活」とか「個人的な時間」という直訳があるのに対し、「プライバシー」はぴったり置き換えられる訳語のないまま日本語化してしまったようだ。自分はこの状態になにか恣意的なものを感じている。

日本ではプライバシーは隠すべきものだということになっている。そこでまず、Public と Private という概念を比較してみたい。

パブリックは公的、民衆的、プライベートは私的、個人的と日本語訳されていて、そのように使われている。よく Privacy（プライバシー）という言葉を使っているが、なぜかちょうどいい日本語訳はなく、そのまま「プライバシー」だ。明治初期に標準語を制定するとき、この単語には訳語があてはまらなかったのか、その概念が正確に理解されなかったのか、日本では本来の意味として流通していない。どういうことかというと日本ではプライバシーは「隠すもの」として扱われているが、欧米では「守るもの」として考えられているのだ。当時の役人が上手に訳せなかったのか、江戸の町人にとってあまり必要がないと甘く見られたのか、該当する日本語を適切に用意しなかったのはなぜなのかという疑問が残る。

## 多様性を尊重するとはどういうことか

自分は、最近日本で言われている「多様性」について、「多様な価値観が大事だから、それぞれ違ってもいいじゃないか」というスローガンは少し危険だと思うようになってきたことをここで告白しよう。

多様性を尊重するということは、「様々な価値観があるのだから、お互いに干渉しないようにしよう」というのとはまったく違うのだ。でも最近の人はこういうふうに考えがちな気がしている。他人は他人だから意見が合わなくてもそれ以上、深くつっこまないでおこう。そんな共通認識になってはいないか？　それでは「様々」ではなく「それぞれ」になっている。内側を向いて理解し合おうと歩みよるのではなく、違うものは違うものとして外側を見て、互いに向き合おうとせず、その「違う」という事実だけを認めさせようとしているのだ。

多様性の尊重というのは、色々な人間がいて様々な価値観があるからこそ、互いの違いを理解し合うための努力を重ねようということだ。「理解するために努力する」という後半のほうが大切なのだ。「あなたと私は違いますね。はい、ではさようなら」で終わっては非建設的であって、「それならどの部分だったら共感しあえるのか」を探らないといけない。

隣の人が特有の悩みを持ち、それで困っていたら、それを自分事として考えて手助けしよう、というのが本当の多様性の尊重なのである。

向き合うための言葉でなければならないものが、背中を向け合うためのスローガンとして使われているのはもったいない気がする。

## 日本語における言葉のねじれ

これまでいくつか例を出してきたが、自由や公民権（人権）、民主主義のように、現代人の多くがその言葉の本来の意味を考えずに使っている言葉は他にもある。以下では、日常生活を送っていて個人的に気づいたり、考え直した言葉を紹介したい。

これを読んで納得のいく解説があれば、検証と理解に役立ててほしい。

### 【有言実行】

よく耳にする言い方ではあるが、「有言実行」って言葉にあまり共感できない。自分は小さなころ、親から「有言不実行を恥じろ、不言実行が素晴らしい」と教わっていた。言ったことをやるのは言行一致であるから有言実行なんてのは当たり前だ。それをわざわざ言うのはすごくナルシスト的ではないか。

**【正義（justice）】**

子どものときから、アメリカは「自由と平等の国」と聞かされて育った。おそらく日本ではアメリカをそのように理解している人が多いのではないか。ところがそのアメリカにいざ行ってみると、アメリカ人は民主主義を語る場面でいつも自分たちの理念は「フリーダム（自由）」「ジャスティス（正義）」そして「イコーリティ（平等）」だ、と必ずこの三つを並べていた。この三拍子が揃って初めて、アメリカン・デモクラシーであるということだ。

あれ、ちょっと待てよ、と。日本ではアメリカは「自由と平等の国」とずっと聞いていたのに、本当は「自由と正義と平等の国」だったのだ。

また「自由と平等」と言われると誰もが対等で、福澤諭吉の言った「天は人の上に人を造らず、人の下に人を造らず」という言葉を思い出せば、他人の考えを尊重する制度としてならその二つまでは納得がいく。だが、その時代のアメリカには奴隷制があったり、まだまだ人種差別の激しかった国として見ると、当時日本から文化や技術を学ぶために遠征したサムライたちには奴隷制の現実が見抜けていなかったのか、それとも見て見ぬふりをしたのか定かではないが、どちらにしても「正義」という言葉も忘れずにしっかり咸臨丸に載せて帰ってきてほしかった。

アメリカについて説明する時に誰かが「自由」と「平等」と同列に「正義」を並べてくれていれば、アメリカ文化を学ぶ上でも、日本で民主主義を実践する上でももう一歩踏み込んだ理解ができたのではないか。人が現代社会で生きる場合に間違いなく「正義」は欠かせないし、市民が自由と平等を行使する理由もそれこそ「正義」に基づいているからだ。

## 【搾取（exploit）】

日々、生活をする上で定期的に支払う税金に光熱費や通信費、人によっては車を運転するだろうから、ガソリン代や高速道路料金などを多く払いすぎていると感じてないだろうか。

公共料金を扱う電力会社など競合相手のいない独占的事業者が「掛かっているとされる経費」を上乗せした、利用者側に選択肢のない「総括原価方式」は原発事故で有名になった搾取システムだが、要は消費者が本来かかるコストに加え、何らかの理由をつけ一方的に使用料金という名目を乗せて余計に支払わされている。

自治体や企業が妥当な利用額以上の値段を請求することに納得できず、腹を立てることが多いが、それは明らかに「搾取」されていると確信するからだ。普通なら不満に感じるのだろうけど、誰もが決められたままに従っているのを見ると、市民はなぜもっと怒らないのだと不思議に思う。どちらかというと「義務」と理解し、仕方ないと我慢している様子で、自分たちが文字通り搾り取られている「実害」としての認識が弱い気がする。

どんなものにでも対価というものが存在するが、対価以上のものを負担しなくてはならないことにもっと「搾取」だと言って抵抗するべきで、いつまでもいいお客様でいる状態から卒業しないといけない。このままでは自尊心までが損なわれていることにも無自覚でいつづけることになる。

つまり「搾取」という概念にもっと敏感になるべきで、自分たちが過剰に、不必要に負担させられている物には、抗議した方がいい。そうすることで将来的に幸福感がアップするはずだ。

日本で生活している限り、「搾取」という言葉自体あまり聞かない。アメリカだとexploitは「搾取」とか「悪用」という意味で、この単語を使った批判を頻繁に耳にする。普段から「私たちが何かに搾取（exploit）されている」と、よく話題にも出る。

日本人は概ね政治に関して「税金払ってるからあとはおまかせ」みたいになっているが、本当はそうではいけない。税金を払っているからこそ、使い道を監視するのが本来の市民の義務なんだ。

**【人の価値／尊厳（dignity）】**

dignityという単語は、アメリカにいると日常会話の中でけっこうよく使われていて耳にすることが多く、とても大切な言葉だといつも思っているが、日本社会にはあまりそういう概念が浸透してないのかもしれないと寂しくなることがある。

テレビのバラエティ番組によくあるドッキリ企画なんて、いくらエージェントが把握していたとしても人の尊厳を考えたら絶対にありえない。騙し撮りなんて人間の尊厳を完全に無視しているからだ。個人のプライバシーや秘密を本人の許可も得ず盗撮してそれを公開したり、報酬と引き換えに人の大切な価値観や信念を妥協させるのは、非人道的だと恥じるべきだ。

まあ、言わば日本のバラエティ企画は個人の尊厳を搾取しているようなものだ。

自分はこの尊厳という言葉をすごく大切にしているし、この言葉の意味は人が人生を歩む上で、常に念頭に置くべき理念だと肝に銘じている。自分がよく考え、どうしても譲れない、自分として「これが正しい」という信念を守ろうとする気概を忘れてはならない。


**【インフォメーション／インテリジェンス】**


日本語に訳すと両方とも「情報」となる二つの単語、「インフォメーション」と「インテリジェンス」には実はかなり明確な違いがある。

おそらく映画や小説で「情報機関」などの組織を「インテリジェンス」と呼んでいるのを聞いたことがあるだろう。入手する「インフォメーション」を精査し、分析することで「知性」とも訳される「インテリジェンス」に成熟させることが彼らの仕事だからだ。「情報」を「諜報」にと言ってもいいだろう。

情報という知識を情報のままにしておいてはただの記憶としてしか残らないが、その背景や経緯の理解を深めれば、知恵として役立てられる。

「情報社会」や「情報時代」と呼ばれている現代において、これから大切なのは、ただ単純に知識を積み重ねるだけでなく、そこから抽出した知恵や理解力で人々にどれだけ貢献できるか考えることではないか。

## 【ソーシャルメディア／SNS】

ツイッターやインスタグラムの発祥の地アメリカでは、それらをソーシャルメディアと呼ぶようになってかなり経っているが、日本では未だにSNSと言われている。SNSとは「ソーシャル・ネットワーク・サービス」の頭文字であり、このような社交プラットフォームを意味してはいる。SNSとソーシャルメディアの大きな違いは、SNSという呼び名がこのサービスを提供している側の視点なのに対し、ソーシャルメディアはパーソナルな社交（ソーシャル）をする媒体（メディア）と呼ばれ、利用者側の視点になっていることだ。

どちらが主体性を持って交流しているのかという意識がこの呼び方の違いに表れてい

るのか、それともアルファベット3つの方がたまたま言いやすいのかは不明だが、声に出してみると意外に「ソーシャルメディア」の方が、3文字のアルファベット「SNS」より簡単で言いやすいことに気づくだろう。

## 【ツイート／つぶやく】

ツイッターにアカウントを登録して、もうかれこれ13年になるのだが、やり始めたころからずっと気になっていることがある。ツイートすることを日本語で「つぶやく」と訳していることだ。

そもそも創業者のジャック・ドージーからの説明によると、名称である「ツイッター」の由来が「鳥がさえずる」という意味を持つことで、ユーザーが聞いて欲しい思いを吹聴できるメディアとして活用させたかった、という話がある。その事実を知ると、これまでの「つぶやく」では少々控えめで消極的なニュアンスを感じざるを得ないし、ちょっとでも傲慢な内容をツイートすると、エラそうな態度だと受け止められかねない。それでは発言まで萎縮するのではと余計な心配までしてしまう。

## 【ストリーミング／サブスクリプション】

最近は音楽も映画もストリーミング再生することで楽しむのが普通になってきたが、ここでもどちらが主体なのかという疑問を持たずにはいられない。なぜなら自分の作品を聴いてもらう最大のインフラが、今の時点ではこのサービスであるからだ。

自分たちの音楽はこのサービスの中でストリーミング再生されている。よく「サブスクで聴く」という言い方を耳にするが、サブスク、つまりサブスクリプションとはユーザーが定期的に支払いをするシステムで、サービスを提供する側との間で存在している契約形態のことを指す。

つまり利用者とサービス企業との間にはサブスク契約が結ばれるが、作品はそこのプラットフォーム上でストリーミング再生されるので、サブスク再生と呼ぶべきでもない。

細かすぎると思うだろうが、プラットフォームの主役が音楽作品というアートなのか、企業と交わす契約形態なのかはわれわれにとって大きな問題なのだ。

## 【アップデート／アップグレード】

考え方や価値観を「いま風（現代的）」に改めることを、パソコンやスマートフォンのソフトやアプリを最新版にすることになぞらえ「アップデートする」と呼ぶのをよく耳にするが、なんでもかんでも今の時代に順応させれば必ずしも改善されているわけではない。ソフトやアプリでも新しく変えたことで以前より使いにくくなったり、気に入っていた機能が消えてしまいがっかりした経験が誰にでもあるはずだ。「アップデート」と似た単語で「アップグレード」というのを皆さんご存知だと思うが、デート（日付）をアップ（最新に）することに対してグレード（品質）をアップ（最上）にするという大きな違いに気づくと思う。
つまり、たとえ最新的な形式を急いで取り入れたとしても、性能が今までで最良なものに刷新されてなければいくら「アップデート」されたと自己満足に浸っていても、「アップグレード」されたことにはならない。

**【ラブ&ピース】**

ラブ&ピースというフレーズは有名だが、それは60年代のヒッピーが戦争反対のメッセージを込め「愛と平和を」と叫ぶムーブメントを進めた頃に流行し、今にいたってもロックフェスとかファッションのイベントでステッカーやTシャツのデザインでよく目にする。
それから数年経ち、ヒップホップが誕生した頃にアフリカ・バンバータの設立したズールー・ネーションが掲げたスローガンに「ラブ、ピース、ユニティ、そして楽しもう」というものがある。もちろん「ラブ」も「ピース」も人として欠かせない概念であり、高尚な思想を象徴したワードではあるが、一人一人が「愛と平和を」と唱えたとしても、やはりその個人個人が団結し、協力し合わなければなにも改善しないことに当時ブロンクスから世界を見ていた青年は気づいたのだろう。
現実に愛と平和という理想を結晶化するには、どうしても団結という一歩踏み込んだ行動が欠かせないのだ。

**【インターナショナル／グローバル】**

ひと昔前は「国際的」という日本語を「インターナショナル」と訳していたが、今の日本では（おそらく他国でも）いつのまにか「グローバル」という言い方が主流になった。翻訳すると「インターナショナル」は「国家間」、つまり「国と国」であるのに、「グローバル」は「地球的」、つまり「世界的規模」ということで、なんとなく似てはいるものの意味はもちろん、向かう方向性や目的はだいぶ異なっていると感じる。特に経済やライフスタイルにおいては、「グローバル」という単語は非常にトリッキーで「世界市民」とか「ボーダーレス」を意味するとして、なんとなく響きはいいし、考えとしても先進的、革新的に聞こえる。しかし「インターナショナル」は国同士がそれぞれ主権を持ち、互いに譲り合いながら公正さを保とうとする関係性なのに対し、「グローバル」は国家の枠組みを超えた「多国籍企業」や「エリート金融資本家」たちが世界経済市場の共栄圏を作ることだ。世界の方向性を各国が選挙で決めた政治家らの手の届かない所で決めることに重用されている。

そのグローバル経済の中心人物たちは数十年前に世界経済フォーラムという機関を作り、毎年スイスのダボスで開催される会議で未来に向けたアジェンダを発表し、「国際社会での協調性」を唱えながら、各国に「内政干渉」し続けているのだ。

この「グローバリスト」たちが経済を「国家間」(インターナショナル)よりも「世界統一」(グローバル)の体制を目指し、本来の「国際的」の意味をねじ曲げている。この現状に鈍感だと、気づいた時には一部のエリートだけが牛耳る全体主義の世界になり、自分たちのことは自分たちで考えて決めるという主権や自由を奪われてしまいかねない。

あらためてここで外来語の意味や使われ方によく注意を払って生きていくことをおすすめしたい。

## 【共感（sympathy/empathy）】

共感という単語を会話に挟んで使う人は多いと思うが、英語だと共感にあたる単語は主に二つある。sympathy（シンパシー）とempathy（エンパシー）だ。日本語ではよくシンパシーと訳されているが、もう一つエンパシーという単語も同じく共感を意味する。

シンパシーはいわゆる共感だ。自分も体験したことがあっての「わかる！」で、同意や同調に近い。その一方エンパシーは「感情移入」のことだ。これは想像込みの共感というものだ。実際に体験したことがなくても、想像して共感すること。自分がアメリカに行って黒人たちに抱いた感情はこれだ。黒人ではない自分が完全に彼らの立場で同じ体験をすることはできないが、その体験や気持ちを想像して感情移入ができる。

想像することで、自分が経験していないことにも共感しやすくなる。初めて自分で痛みを感じてみて、他人の痛みが理解できても手遅れだ。

## アメリカの黒人たちへのエンパシー（感情移入）

エンパシーについてもう少し話そう。自分が中学生の時、ポール・マッカートニーとスティーヴィー・ワンダーの「Ebony and Ivory」という歌が大ヒットしていた。ピアノの黒鍵と白鍵を黒人と白人にたとえて、一緒にハーモニーを奏でよう、調和でお互いに引き立て合おうという歌だ。自分はその時これを聞いて、そんな歌を歌うということはまだ白人と黒人が仲良くできていない現実があるんだな、と感じたことをよく覚えている。

それに6日連続で放映されたテレビドラマ「The Roots」から学ぶものも多かった。黒人がアフリカからアメリカ大陸に無理矢理連れてこられて……という話なんだけど、作者が自分のルーツの物語を先祖から言い伝えられてきた一族の歴史をもとにドラマ化したものだ。それはすさまじい内容の描写を小学生の時に観たんだけど、今思うと、この頃から自分の黒人に対するエンパシーが始まったのかもしれない。

何も知らない子どもの頃は、単純に黒人のほうが身体もたくましいし強そうだから、「みんなで集まって立ち向かったら人種差別なんかされないんじゃない?」って思っていた。でもあとから調べてみたら、制度上の問題もあったし、人数も圧倒的に白人のほうが多く、まだ黒人全員が集まって団結する術もないし、当時の彼らにはそれをするための情報も知識も充分なかったことがわかってきた。

それを自分が理解できるようになったのは、ブラックミュージックやヒップホップに傾倒し始めた頃であり、自分なりにブラック・ヒストリー(黒人たちの歴史)を本や映画から学んだからだ。そしてその後アメリカに渡ってからは、アジア人の自分もどちらかと言えばマイノリティとして見られる側になり、そこから黒人たちへのエンパシーがシンパシーへと変わっていった。

極端に言ってしまえば、その頃のアメリカの体制は恐ろしいことに「黒人同士が殺しあって、死んでも別に構わない」というくらいに考えていた。白人の警察官が黒人を殴ったりするのも、当時ははっきり言って日常茶飯事だったのだ。

そこで、その時代のそういう悲惨な現実をはねのける力となったのが当時のヒップホップだった。

ラップがアメリカ中に広まったことで、それまで全米各地でバラバラに差別を受けていた黒人たちが少しずつ繋がることができた。ラップの歌詞を通してそれぞれ別々の場所にいるみんながどこでも同じ仕打ちを受けていた、ということを知ることができたのだ。

日本のラップシーンに、悲劇的なストーリーをラップするメッセージの強い歌を求めると、「自分はそこまで苦しい目にあったことはないから、そういう内容のラップをするのはおこがましい」とか、「日本では現実的に想像できない」とか「自分たちにはそこまでの資格がない」などと言って、作ろうとしない雰囲気がある。

ところが、アメリカでは黒人でも中流階級で両親も揃っていて、教育もしっかり受けられたような人が、自分たちより恵まれていなく、苦しい目にあっている他の黒人たちの窮状を代弁しようと作品にする。

これはシンパシーというよりエンパシーなのだ。

もちろん「自分の親やおじいちゃんおばあちゃんもそういう扱いを受けてきた」とか。先祖ががんばってくれたから今のオレたちがいる」とか。自分はたまたまこの家庭に生まれてきたからまともな教育を受けられたが、もっと劣悪な環境に生まれ、不幸なことに親も揃ってなく、適切なガイドを得られず、悪いことに手を染めるしか選択肢がなかったという者も大勢いる。そんな境遇で育つことしかできなかった同胞を気の毒に思う。そういう生き方を愚かだとは思わない。それしか方法がなかったのだろう。そこで生きていくために悪いことをしてでもなんとか這い上がるしか他に選択肢がなかったのだと、そういうことを考え思いやる。これがエンパシーだ。

「自分はそこにいなかったから」という理由でそれを表現することから逃げてしまったら、アーティストとしては終わりじゃないかと思う。

自分自身は比較的貧乏な家だったし、両親も結婚してなかった。幼少の頃は病気がちだったから、少年時代を「オレには力がない」って思いながら過ごした。「死ぬかもしれない」「貧乏」「よその家にあるものがない」とかなりコンプレックスを持っていた。こういう背景もあったことが、アメリカに行った時にそこでの黒人差別に共感しやすかったのかもしれない。

かなりの確率でアメリカのラッパーは、ゲットーの住人たちに共感を示す。親がいなかったり、無責任でしっかりした教育を受けられなかった、という現実に対してだ。それ以外も、若くして年上の悪い男と付き合って子供ができちゃって、自分の将来を棒に振らざるを得ない女の子が子供を食べさせるために売春することになったり、仕事が無いのでドラッグを売らなきゃならなくて危険なことに巻き込まれ、死んでしまう子がいた。「そんな無念な人生ってあるかよ！」という感情をラップしていた。

まあ、ラップに限らず、日本人はそういう歌詞をあまり書かない。日本にだっていくらでも問題はあるはずなのに。パワハラ、セクハラもあるし、いじめも虐待も慢性的にあるのに、だ。「自分はそういう境遇にいないからわからない」なんて言っていていいのか。それこそ、エンパシーが足りないんだと思う。想像できなければ、芸術家や表現者である意味がないじゃないか。

アメリカでは、日常においてはエンパシーとともにコンパッションという言葉もよく使われている。これも「思いやり」「共感力」「哀れみ」という意味の単語で、自分で体験していなくても、情熱を持って心を寄り添わせるという意味で使われている。

いいラッパーであれば「こんな可哀想な話ってないよね」「そういう悲しい現実をみんなで認識しようよ」というメッセージの歌を最低でも一つぐらいは出している。それはなぜなら自分のリスナーはどういう人たちなのかということを考え、彼ら彼女らファンたちが共感し、「自分たちのことをわかってくれてるな」と安心できるような曲を作って聴かせたいと考えるのがごく自然だからだ。これは決してファンに対して打算的ということではなく、ファンでいてくれることへの感謝と、その気持ちへのお返しだ。歌によるコミュニケーションなのだ。

なぜか日本の音楽アーティストたちはラップに限らず、そういったメッセージを発信する人が少ない。すすんで世の中の問題にコミットしない。これもやはり日本特有な気がする。ここでもまた公の精神に欠けているのだろう。パブリックに奉仕したいって気持ちが見えない。やっぱり、自由の「自」が自分の「自」だからよくないいんじゃないかと思える。または音楽の「楽」が文学の「学」でなく「楽しい」になっていることもまたもう一つの理由かもしれないと邪推したくなるが、これについてはまた別の機会に述べたい。

## 自己責任とは

日本にはびこる自己責任論というものもまさにその延長にあるのだと思う。誰もが自分の自由を追求した結果は自分の責任になるということだが、日本の自己責任論には、失敗した人に共感する姿勢がまったくない。

自分の自由を追求したいという気持ちは誰でも同じなのだから、その結果、誰かが困っていたら、相手の立場になって応援するのが当然ではないだろうか。それぞれの個人に自由が担保されていることが大前提なのに、「自分だったらそんなことしない、やったやつがバカなんだよ」という冷めた考え方をするから自己責任論になる。「自分でやったんだから、自分で責任取れ」「自業自得」と突き放す。

「あいつらは自分の自由を拡大解釈して好き勝手にやりすぎたんだ！」という発想になってしまうのは、心が貧しいと思う。だからセカンドチャンスを与えようという風潮がないのだ。

それか、自分たちはいつも我慢しているという意識があって、その同調圧力に従わない不届き者は村八分にしてもいいという感覚なのか、みんなでよってたかって石をぶつけるようなことをする。それがエスカレートして、例えば最近のキャンセルカルチャーが過去のプライベートな会話の中での失言をわざわざ発掘し、徹底的にその責任を取らせたがるのも、見ていてあまり気持ちのいいものではない。

## 人の価値

この章の最後にこれだけは書いておきたいのが、人にはそれぞれ「価値」があるということだ。たいていの人が、誰かの「価値」というと、その人が今の立場でどんな役に立つのか、何をたくさん持っていて、どれくらいの資産や財産を所有しているか、それを試算して、その人の「価値」を決めている。

しかし人の値打ちとは本来、その人が何も持っていなくても、人のために何ができるかということだ。それこそがその人の価値であるべきだ。お金もない、権力もない、そういう状態でも他人のためにどれだけ誠実に、見返りを求めず尽くすことができるかがその人の本当の価値ではないか。それこそがその人の魅力であるべきだ。

この違いを理解するには、人を見る目を養わなくてはいけない。人を見るときに一番重要なのは、肩書きや財産ではなく、その人が人間としてどれだけ魅力的かということなのに、最近の世の中ではそのことが軽視されている。その違いを知る機会のない人は、正直、可哀想だなと思っている。人の価値とは深いものなのだ。

# 第5章 死ぬまで独学のすゝめ

ここんとこまわりを見回そうが
世界を見渡そうが
はっきり言って地獄じゃねえか
早く目を覚まさないと
やられちまうぜ

ほら帰ってきたぜブーンバップラップ
俺らがつまんねえ分断砕く
時が経ってたって空白なく

円熟味も増し風格アップ
韻踏んだ歌詞の文学書く
比喩にワードプレイふんだん上手く
考えを描写し順番歌う
ビートだって常識つんざくヤツ

誤った正義が街を放火
危険なソーシャルメディアの効果
繰り返されてる怒りの暴動

ただどこまで事実か怪しい報道
ブランド物だけ好んで略奪
すんのもポーズをとるとき役立つと
自分の住んでる地域を破壊
流されてる血はいつもより赤い

どこもかしこも Raising Hell
顔笑ってても目死んでる

ここもあそこも Raising Hell
地獄で生き抜く精神得る
そこでもここでも Raising Hell
冥土で魔女とウェディングベル
どこそこ構わず Raising Hell
これ未来よくする名人芸

——「Raising Hell」 キングギドラ（2022年リリース）

## 拡大し続ける分断

ここ数年、急に世の中がおかしくなってきたことは誰の目からみても明らかだろう。それまでなかった現象が突然のように始まり、日常の生活に変化を強いられたことで、将来への不安にさいなまれることが増えてしまった。それによりストレスが著しく高まり、他人への感情も過激になりがちで、意見や考えの異なる人、集団に対して反感を持つことが多くなったせいか、いわゆる「分断」というものが目立ってきた。

まずは日本に住んでいれば例外なく経験せざるを得ず、世界が同時に共有している大惨事、新型コロナウイルスによるパンデミックが生み出した分断が特に身近ではないか。2020年からの3年の間に状況は変化してきたものの、最初は誰もがこの感染症への恐怖に慄いていて、慎重に情報を集め、それぞれその人なりの理解に至っていた。大きく分けると、「とにかく怖いから予防に力を入れる」タイプと、「こんな病気は新しい風邪みたいなものだから恐るるに足らず」と無防備に対処するタイプに分かれた。

その後、国際的な保健機関や行政側の出す一定のガイドラインに従うことが常識になりながらも、世界中でロックダウンやマスクに関しての肯定派と否定派が激しく対立し、メディアでは否定派だけを非難する傾向が大半を成した。

そしてその間に出来あがったコロナワクチンも、はじめは「義務化しない」し、「子どもには必要ない」と言われていたのが、途中から同調圧力により「半強制的」となり、拒む者は職を解雇されたり、接種証明書やワクチンパスポートがないと海外渡航どころか入れない店や施設まで出てきて、世界各国の全国民が注射すべきと毎日テレビ番組で喧伝する代物になった。

過去に類を見ないスピードで開発され、治験もまだ不十分な段階で体内に注入することを懐疑的に感じ、もう少し様子見しておきたいという慎重派や、自分の身体に入れるものは自分で判断すべきで、他者からの圧力で義務的に強要されることを、「主権侵害」と受け止める自由主義者たちはいわゆる「反ワクチン派」と呼ばれ、協調性のない連中とか、あげくの果てには何か背後に見えない力が働いていると思い込んだ「陰謀論者」がウソやデマを拡散し、世の中の不安を煽っていると異常者扱いをされるところまで行ってしまったのだ。

もちろん既存のマスメディアだけでなくインターネットやソーシャルメディアの影響も大きいのだが、それによって意見の二分化が対極的にエスカレートし、互いに中傷し合うことが当たり前のようにネット上で繰り広げられた。

本来、向き合い、乗り越えるべきものは今回のウイルスとそれによる被害であることは共通なのに、同じ被害者である私たちが考え方の違いで分断され、互いを敵視するのは本末転倒ではないだろうか。単純な情報の取捨選択や事実認識からの価値観の差が、相手をいくらけなしてもいい「正義感」になるのはとても残念なことだ。

## 優先すべきものを見失っている

そしてこれと似たようなことが、2022年初頭に始まったロシアのウクライナ侵攻においてもあると言える。考え方や思想の違いで二分されているのだ。まずは、どんな理由があろうとも隣国に武力を持って侵攻したロシアだけが悪者であり、ウクライナの反撃によってロシア軍、及びプーチン体制が壊滅すればいいと西側諸国側の立場から見ている人たちがいる。またその一方で、ロシアがこの特殊軍事作戦に至るまでにはそれなりの経緯があり、長年のアメリカ政府からの内政干渉とウクライナ過激民族派による、ロシア系ウクライナ人に対しての弾圧が、ロシアとウクライナに、ドイツとフランスを交えた4カ国間で決めた「直ちにこの内戦を停止する」ためのミンスク合意が締結されたにもかかわらず未だに続いたこと、それ以外にも、冷戦終了後にロシアと欧米の間で交わされたNATO

軍は東方拡大を目論まないという約束も守られないどころか、新たに加盟国が増え続けている事実に対し、プーチン大統領が行動せざるを得なかったという判断に同情するスタンスの人たちもいる。つまり「悪いのは合意を守らないウクライナと、その背後にいるNATO軍だ」という立場だ。

たとえば実際にウクライナ支援をしてきた西欧のドイツやイタリア、そしてアメリカ国内でもロシアへの経済制裁が原因で起きた過酷な物価高や不況が悪化し、自国民が苦渋を強いられているというのに、ウクライナへの金銭的サポートや兵器供与などが際限なく継続していて、未だ停戦合意の交渉よりも「反撃の手をゆるめるな」と後方からの協力を惜しまない欧米各国の政策に対する市民からの不満は爆発し、各々の政府に向けた抗議の声は日を追うごとに大きくなっている。しかしそれでも「なんとしてもロシアを撤退させ、弱体化させろ」という意見も少なくない。

多数の犠牲が出ている軍隊や難民のためには、今すぐにでも戦争を止めることが何より先決である。しかしそれをないがしろにする勢力がメディアを通じて、戦場の悲惨さや被害の状況、そこでウクライナ軍が善戦とのニュースを毎日のように報じ、兵器の供給で利益を貪る軍事産業が「ロシアは凶悪だ」と国際世論の反ロ感情を煽ることで現行の方針を正当化している。このまま戦争屋がウクライナに軍事支援し続けることで、親ロシア派と親ウクライナ派がこの先もいがみあう対立構造を終わらせないようにしている。

日本の報道でも例にもれず、どれだけプーチンが独裁的でロシア国民が反発しているとか、病気で寿命もあとわずかだなんて一方的な情報を流すわりには検証の機会すら設けない内容ばかりで、日本政府がウクライナに寄り添うことがまさしく人道的という論調ばかりを流布する。いまのテレビはそれに共感しない者は人でなしとでもいわんばかりのプロパガンダ製造機となってしまった。

またしても偏った情報によって改善されるべき問題が曖昧になり、ある一定の視点が刷り込まれる人と、あらゆる角度から観察し、能動的に分析しようとする人とで理解の違いが生まれてしまう。たどりつく結論に応じてここでも分断が深まるし、それどころか地上波で流していない情報を主張する者を、本当なら中立であるべきメディアまでが、ここでまた「陰謀論者」と切り捨てるので、分断はより加速的に進んでいく。

## 現代は「ポリティカルコレクトネス」の時代

これ以外にも記憶に新しいところでは、数年前のアメリカ大統領選や在任期間中の疑惑に関するマスメディアの偏向報道ぶりに目まいがするほど驚愕した覚えがある。

まずトランプ前アメリカ大統領の当選が決まるとほぼ同時くらいから、この時もまた「ロシアが選挙結果を操作した」と対立候補者のヒラリー陣営が（後に虚構とわかる）告発をし、トランプ大統領の就任期間中も3年以上にわたり、ロシアとの共謀と選挙介入の疑いを追及し続けた。にもかかわらず、結局は証拠も示せないまま、今度はバイデン勝利の不正を疑うトランプ支持者を大手メディアは「悪魔教を信じるカルト集団（Qアノン）」と一方的に呼び、過去の自分たちの間違った報道内容は正すことなく、当時まだ現職だった国家元首を酷に扱い、応援する支持者らをひとまとめに「陰謀論者」と印象づけ、全くためらう素振りも見せず偏った訴えを続けていた。この一連の流れを数年見た結果、マスメディアこそ「分断」を作り出す主犯だと確信するに至った。

そしてそれを援護射撃しているのは私たちが毎日、愛着を持って活用しているツイッターやフェイスブック、YouTube のようなソーシャルメディアと呼ばれるツールだ。民間企業である彼らが言論の善し悪しを判別し、「社会に悪影響」とみなす発言や個人を彼らの裁量で制限したり、追放したりできるルールになっている。

これによって運営サイドに「陰謀論者」と判定されたアカウントや発言は監視され、管理されていく。一方的な風潮に異論を唱えることが少しずつ許されなくなっていて、常識とされた言説に一石を投じようと物を申すと、もうそれだけで懲罰の対象となるし、そのような存在をここでもまた狂人と見せることが可能となる。「言論の自由」を捨てた、なんて恐ろしい体制なんだと寒気を感じている今日この頃だ。

ところが皮肉なことに、この時代を後押ししているのは実は私たち自身でもあるという点も指摘しておこう。どういうことかと言うと、この数年よく耳にするようになった「ポリティカルコレクトネス」という造語に責任があると言わざるを得ない。このフレーズを振りかざして他人の言動を「不適切」と告発し、過去にしたよくない行いをわざわざ見つけ「今から社会的制裁を与えろ」と、大勢の人が断罪しようとする傾向が爆発的に増加している。

好き嫌いを口にだせば「ヘイトスピーチ」、全てを受け入れなければ「差別主義者」と、他人からもメディアからも非常識扱いをされ、叩かれまくり、職を失うなんてことにも発展するのが「ポリコレ時代」の現代だ。

### 「ブラックライブズマター」への見解

自分自身の身に起きた例で、近年の「ブラックライブズマター」（以下「ＢＬＭ」）についても説明したい。これはちょうどパンデミックが始まり半年も経たない頃、アメリカのミネソタ州ミネアポリスで一人の黒人の犯罪者が警察に捕まるタイミングに起きた悲劇に端を発している。地面に押さえつけられている手順の中で、その犯人が運悪く窒息死してしまった。たまたまそこに居合わせた近所に住む少女がその場面を動画に撮っていて、その映像の中で男が「ママー」と叫びながら息絶えていく姿が全世界に配信され、逮捕した白人警官が批判にさらされた。そしてこれを見た人種差別に抗議を唱える集団によって暴動や放火、破壊行為、商店での略奪が各地で同時多発的に起きたのだ。そしてその一部始終も生中継でリアルタイムで視聴可能に至った。

人種差別にはもちろん反対だが、抗議運動という名の破壊活動にも反対だ。罪のない人の店や建物が燃やされ、商品は全て盗まれ、次の日からどう生きていけばいいのかわからなくなった黒人の店主も映し出され、額から血を流しながら泣いていた。それを見て感じたのは、自分も長くヒップホップをやってきてアメリカの人種問題にもそれなりの理解はしていたが、このやり方はおかしいいんじゃないかという失望だった。そこまでの数年の警察からの不当な暴力に対するムーブメントとして知ってはいたし、けっこうな共感も示してきていた。しかしこの「BLM」という理念は正しくても、テロ行為のような暴動は決して正当化されるものではなく、黒人たちの歴史的な不平等さはこの30年でラップというアートやカルチャーで改善された面が大きいのに、このような暴力で報復したらこれまでヒップホップで積み上げてきた努力が台無しになってしまうと悔しく思い、そんな感想を自分のツイッターから発信したのだ。

そうしたらその発信に対し、それを読んだ日本に住むブラックカルチャーファンから「ヒップホップを生業としているくせに、ジョージ・フロイドに同情しないとはどういうことだ」と反感を買い、そういった反応とともに世界中へ拡散され、翻訳されたツイートが海外のヒップホップファンの目にも触れ、「ブラックミュージックで食べてるやつが、黒人の歴史も知らないのか」と英語でリプライや引用リツイートを返してこられ大炎上した。知り合いのリベラル系言論人からも、こちらを無知扱いした少しおせっかいなアドバイスが送られてきたり、完全に侮蔑的な悪口を投稿していた顔見知りの音楽業界人の発言もいくつか見つけた。

こっちの発言の意図などまったく汲み取ろうとせずに、「差別されている対象を批判するのは、ポリティカルコレクトネス的に間違っている」という原則的な指摘ばかりで、ことの背景や経緯、余波の事実分析ではなく、反射的な感情に訴えて攻撃してくる人の多さに、今までないほど驚かされた。

## 認識違いの余波

ところが、これはここで終わらずにもっと悪い方にエスカレートしていったのだ。パンデミックの始まりが中国武漢の海鮮市場、もしくはその近くの研究所からの漏洩が起源だと初期に言われていたし、中国各地で防護服を着た職員たちが火炎放射器を使って指揮していたロックダウンの様子も放送されていたり、WHOのテドロス議長が他国への感染拡大を見くびっていた記憶もあったので、自分はトランプ前アメリカ大統領の言っていた「チャイナウイルス」なんていうフレーズをあえて真似てみた。今度はそれが原因で、「レイシスト」と呼ばれ、「日本人のくせに、BLMを否定する白人至上主義で中国に対してのヘイトも叫ぶ」差別主義者で陰謀論者という評判までついてまわるようになった。その後大統領選挙結果に関しての不確かな部分に言及したら、あげくの果てに「彼はQアノンとなって闇堕ちした」とラジオやユーチューブなどで知り合いからもそのようなコメントをされ、それまで仲の良かった友人や、よく出ていたイベントからも距離を置かれるという現象にまで発展した。

それからというもの「Qアノン」をもじって「Qダブシャイン」なんて言い出す者がたくさん現れて、ちょっと笑ってしまったけど、ふざけたやつらがいるなと思い、失望することも増えた。もちろん同じ視点で状況を見ている人たちとも出会い、知り合うこともあり、悪いことばかりではなかったが、異なる意見を持つ、いわゆるリベラル側からは「常識のない人でなし」「社会を混乱させる悪の根源」という扱いの中傷を受けた。こちら側としても彼ら左派こそがマスメディアと一緒に社会正義や人権を振りかざし、反対意見を遮断する善意のナルシストとしか見えなくなり、分断の溝は深まるばかりとなった。

まだまだ個人的なこと以外にも、地球温暖化と気候変動の環境問題や、このところ過熱してきているLGBTQ＋などのジェンダー問題が、市民の意見や価値観を二分するような事象がしばらく騒がれていて、ここでもイデオロギーの異なる対立が互いを敵視し、罵り合うという分断が起きている。ことの是非はともかく、近頃よく言われている「価値観の多様性」を認めるというスローガンが現代社会では重要視されているにもかかわらず、自分たちと考え方の違う者を人格否定までし、一切相手の意見に耳を傾けようとせず、対話すら拒むのでは共通点すら探ることさえできない事態となっている。

## 自立なき自由はない

もっと冷静になってみてはどうか。保守派は保守派、リベラル派はリベラル派なりに両方とも「国」や「社会」がより良くなり、人々が暮らしやすい将来を求め、実現する願いを胸に抱いていることに違いはないのだから。そもそも右と左と言われているものは、逆方向に相反していると信じられがちだが、語源を辿るとそうではないことが理解できる。自由を得るためにアメリカがイギリスの植民地から独立をし、フランスが革命によって不平等な王制政治から解放後に作った議会において、このまま一気に改革を進めていこうという急進派と、慌てず少しずつ変えていけばいいという立場の保守派が、それぞれ急進派が議長からみて左側の席、保守派が右側の席に分かれて座っていたことがその呼称の由来になっている。つまり両方とも過去の体制から自由になって新しい秩序を実践しようという目的に基づいた同じ方向ではあるけど、進むスピードが違うだけなのだ。

その後、時が流れて社会主義や共産主義が生まれ、右と左が対立するようにはなったが、本来はどちらも民衆の「公平さ」や「幸せ」を手に入れるために広まり、支持を得るようになったところまでは決して間違ってはいなかった。それがいつのまにかに「独裁政治」と姿を変え、市民の主権を奪い、自由主義との戦争が始まった頃からそれぞれ定義が変わったのではないか。

それが今では市民が中心となり、「人権」を重んじ、社会的弱者である少数派を守るという善意にあふれた優しい人がリベラル左派となり、世の中の不平等を声高に訴えている。保守層と呼ばれる右派はどちらかというと国内よりは国外からの脅威に不安を感じ、他国から国としての「主権」を守りたく、それには国民が団結して母国、日本を大切にすべきだという思想を掲げている。極端な発想の持ち主以外は、両方どちらも日本という国の、日本国民を大切にしたいという理想においては共通している。特に最近ではエリート支配層が強大な力を手に入れ、みるみるうちに拡大していく「格差」という不平等さを保守派もリベラル派も問題視している点においては、どちらもとてつもない危機感を共有している。多国籍企業やエリート金融による資本主義の波が一般市民の生活を破壊していることは、もはや世界共通の不安材料だ。

10年ほど前のことをここで思い出してほしい。アメリカのニューヨーク、ウォール街で資本主義に不満をぶつけた「Occupy Wall Street（ウォール街を占拠せよ）」という抗議活動があったのを覚えているだろう。1％のエリート層が99％の市民から搾取し、自分達だけが私腹を肥やすという構造に対し、若者たちがウォール街の路上で横になり、業務を妨害しようとした行為で、その時は「1％VS99％」というプラカードを立て抗議していたムーブメントである。この不平等さは現在何も改善していないのに、気づいてみると1％のエリート支配層に対する怒りの眼差しは横に逸らされ、99％の市民が大きく二つに分断され、互いに憎しみ合うよう仕向けられているではないか。

つまりわれわれ一般市民にいくつかのテーマを与えて分断し、対立させている元凶は、もともとわれわれに敵視され、憎悪の対象となっていた、今の体制から変わらずに利益を得ている一部の集団とその取り巻きたちであり、われわれ同士がいがみ合っている今の状態は、彼らの用意した「分断」が誘導した錯覚なのだ。

少数派を弱者として取り上げ、メディアを使い善意にあふれている人の感情を掻き立て、フェイクニュースが偏った論調を広めることで、視点や価値観の違いを思想やイデオロギーの対立に増幅させ、憎悪するように持っていく。そんな「分断という錯覚」からは誰もが今すぐ自由になるべきだ。自分で情報を集め、自分の頭でよく考え、自分の判断によってどのように目の前の現実を見るかを、自分で決定する。現代のように情報社会による同調圧力や、他人からの視線に惑わされず、自分のことは自分で決断することが何よりも優先されるべきであり、それこそが本当の自由ではないか。自分の足で立つこと、つまり自立なき自由はない、と心から思う。

今すぐ　その脳から魂
まだ寝ているようなら　覚まし
自分自身　もう今日から探し
リアルにやれそうなら正しい

まず一つの情報　耳から侵入　頭に新種ウイルスインプット
人間の知的な部分刺激　細胞に利益を生む奇跡
今自然に自分の興味により呼び起こされてく好奇心
高める情報処理能力　データ元に分析高速
脳全体に均等に浸透　少し時間差で届く心臓

つぎ思考回路の核に到達　前より広角　開く網膜
定めるフォーカス　見通す両面　出来るだけ望遠に合う焦点
また洗練重ねていき鋭敏　すぐ流されてかない精神
メイキングオブザ神の数学　高い嗅覚で得る収穫
頭蓋骨内部での革命　自覚し始めてる本来の役目
ヴァージョンアップする本物のセンサー　肉眼で瞬時にすぐ検査
一点差まで徹底比較　新たな視覚で見抜く死角

——「頭脳旅行」　Kダブシャイン（2010年リリース『自主規制』収録）

## 一生、学ぶ

「学ぶ」ということについて、最後に話しを戻そう。

前章まで、主に日本の学校教育システムの問題や文化においての改善点を述べてきた。

それは日本の教育ひいては社会を改革して行くために、まずは未来を担う子どもたちの学ぶ場所である学校の問題を解決しなければならないからだ。

それではもう学校を卒業してしまった大人は手遅れなのかというと、そんなことはまったくない。今からでも全然間に合うと断言しよう。

実を言えば、自分も中学や高校ではたいして勉強していなかった。小学生の頃はそんなに一生懸命勉強しなくてもそこそこの成績を取れていたが、その後はいつもギリギリ及第点を取れるくらいしかやっていなかった（とはいえアメリカの高校を卒業するときと、アメリカの大学に入ってしばらくの間は、授業と英語をがんばった記憶が少しだけある）。

生まれつき忍耐力があまりないせいか、机に向かって本を読んだり、試験のために集中して勉強することがあまり得意ではなく、テストが終わると忘れてもいい知識の詰め込みにほとんど価値を感じていなかった。

なぜなら自分はひねくれもののせいもあり、もともと人生の途中で成果を出そうなんて考えていなかったからだ。要は、どこかの学校や会社に入る受験のための勉強に興味を見出せなかった。

自分は人より大人になるのが早かったのだろう。未熟児で生まれつき虚弱体質だったこともあり、物心がつくのとほぼ同時に「せめて死ぬ前にこれくらいのことをやりたい」とか「後悔がないように目一杯生きたい」という執念が頭にしっかり刻み込まれた。小学四年生くらいになるとだいぶ健康になってきて、もうそろそろ死んでしまうかもという不安自体はなくなったけど、つまらないことには時間を費やしたくないという気持ちだけは残った。

それもあって、受験のための勉強なんかは全然やる気にならなかった。進学塾にも少しだけ通ってみたけれど、当時の自分の目にはそこにいる子供たちがみんな親の奴隷ロボットに見えた。自分はせっかく死ぬか生きるかという境遇を乗り越えたのになんでそんな退屈なことをしなきゃいけないんだ、と考えていた。

たぶん周りから見たら、オレは「自分の生きたいように生きるんだ」っていうエゴの強い子どもだったのではないか。

具体的に、学校のカリキュラム以外でどんな勉強をしていたかといえば、その時に興味のある事や文化について本を読んだり、たくさんのアート作品に触れたり、エキサイティングな体験談を聞いたりすることが、自分にとっては大事な勉強だ。特に若い頃からジャーナリズムに興味があったのもあり、ジャーナリストや社会学者の書いたものをそれなりに読んだりもした。

**勉強はコミュニケーションだ**

もちろん一人で本を読んだり調べたりすることも大事だけど、現地へ行ったり、人と会って直接コミュニケーションを取ることも忘れてはいけない。

一言で言うと「百聞は一見にしかず」ということだ。

自分は十代でアメリカに渡った時にそれを実感した。日本にいるときからアメリカ文化に憧れていたから、そうでない人と比べてアメリカのことをよく知っていると思っていた。しかし実際に現地に行ってみてその土地の文化や空気など、初めて実感したことが本当にたくさんあった。

日本にいて本を読んだりメディアを見ているだけでは、現地の人がいったいどんなことを考えているのかなかなかわからない。実際に会って話して、その場所で同じ体験をしてみてわかることのほうがはるかに多い。しかも、ただそこに行くだけではなく、その土地の風習や人に染まってみることが肝心だ。自分はもともとアメリカ好きだったから馴染むのはわりと早かった。すでに述べたように、アメリカにいる間は日本人同士でつるむのは避け、できるだけアメリカ人や他の国から来た留学生と交流するようにしていた。そうしていたらむこうの友達に「お前は随分アメリカナイズされてる」なんて言われたりしたこともある。何か本気で知りたい、学びたいと思ったら、遠慮や尻込みは無用だ。常に最善を尽くして突っ込んでいくしかない。

## 知りたいと思ったことを勉強しよう

物事に興味を持つきっかけは、色々なところに転がっている。

自分が政治や社会について興味を持ったのは、遡ってみれば、刑事ドラマやスパイ映画がきっかけだった。『Gメン'75』『太陽にほえろ』『007』シリーズに、極めつけは『ゴルゴ13』。CIAやKGBといった裏の諜報機関やスパイ組織があることに、子どもらしく単純にわくわくしていた。

高校生くらいからは、落合信彦氏の本を読むようになって、実際に進行中のアメリカ政治でも本当にリアルな諜報機関が暗躍していることも理解した。当時はまだ東西冷戦中でもあったし、そういう世界の裏側を知っておくのは大切だと考えるようになった。当時の報道にはプロパガンダが多かったことを知り、常に一歩引いて、ニュースとして入ってくる情報を精査する必要も知った。

アメリカに行ってからは、冷戦の真っ只中にあるということを日本にいる時よりもずっと強く感じた。アメリカ人の老若男女が「ソ連から核ミサイルが飛んでくる」という恐怖を常に抱えていた。そういう情報ばかりがたくさん溢れかえっていたのだ。人々が恐怖によって不安になっているなかで、アメリカは粛々と軍拡を進めていた。レーガン大統領が「スターウォーズ計画」という、宇宙から衛星でミサイル防衛しようというプロジェクトを立ち上げていた頃だ。

その一方、自分が滞在していたカリフォルニアはすごくリベラルな地域だったから、また違った光景も目の当たりにした。ヒッピーカルチャーの生まれた西海岸の人たちは合衆国政府に対して、「人を殺める武器なんか作らずに、教育や平和のためにわれわれの税金を使え」と訴えていた。自分はその状況を間近で見て、「これがアメリカか」と感心した覚えがある。

そういった80年代の時代背景もあって、アメリカで国際情勢に興味を持ったことが今に至るまでの自分の興味関心の出発点だったと確信している。もちろんそれと同時に、高校や大学でそれまで生活していた日本を離れたことで、望郷の念や愛国心にも目覚め、アイデンティティーの感じ方も強くなった。周囲との違いや、自分の中にある日本人らしさを改めて自覚したせいだろう。

そしてこれがきっかけでアメリカと比較して日本の政治はどうなるのだろうか、という視点を持ち、色々と社会にまつわることを考えるようになった。日本とアメリカの両方を好きになったおかげで、政治もその他の社会での出来事も両側から客観的に捉えることができるようになった。だからなのか、今でも外交問題に触れずに内政のことばかり語るような人とはほとんど価値観が合わない。

## 考えを深めることは無意識に委ねる

何かを調べたり考えたりするときに自分流に心がけていることがある。目や耳で見聞きした情報にあえてバイアスをかけず脳に入れる、ということだ。

どういうことかというと、他の誰かの中で固まった意見や偏った感情に影響されないように注意しながら、できるだけフラットな情報をたくさん頭に入れるということだ。もちろん自分の感情にもできるだけ流されないように気をつける。良い情報も悪い情報も等しく取り入れるのだ。そうすれば、人間の脳というコンピュータはもともとが優秀だから、自動的にうまく処理して正解に導いてくれると信じている。

まあ、これはちょっと変なやり方だというのは自覚している。しかしこうすることによって、これまで偏見に流されずに来られたと実感している。

例えば、みんなが「あいつは悪いやつだ」と言う人に対しても、まずは自分の目で公正に見る。そしてポジティブな事実もネガティブな事実も両方を理解するように努める。そのようにインプットすれば正しい判断を促してくれるのが人間の優秀な頭脳なのだ。清濁を併せ呑むべきだ。

その上で「相手に同情する」ということも忘れてはいけない。その人が本当に悪いことをしたとわかっても、なにか事情があったかもしれない、と考えてみる。その人の行動による結果だけでなく、何をどうしたかったのかという意向からも判断するべきだ。他人や知り合った相手をどう見て、どう付き合っていくのかは、どこかから聞いた第三者の評価や感情ではなく、どこまでも自分で決めるべきだ。

人間関係だけでなく、様々な情報が日々錯綜しているこの現代では、どんな物事に対しても一旦先入観を棚上げした状態で、自分の脳に機械的に精査させることを人にはすすめている。

何のために自分は物事を学んできたかといえば、「一生をかけてより意義のある人生を歩むため」だ。そうするために、子どもも大人も関係なく、人間は一生勉強していかなければいけない。これは、受験勉強とはまったく違う次元の勉強だ。

自分は若い人たちによく「まず生きているうちに褒められようなんて考えないことだ。死んでからのほうが長いんだから」と言っている。死んだ時に褒められることが一つでもあったら良いし、そのために日々精進すべきなのだ。

子どもの頃に親に薦められた井上靖の『あすなろ物語』の「なろうなろうあすなろう、あすは檜の木になろう」という一節がすごく印象に残っている。その頃からか、あすなろから檜にと、「今日の自分より明日の自分を善くしよう」というモットーを素直に信じて実践してきたつもりだ。

誰もがそういうふうに考え、日々生きるといいのではないか。これはもう「勉強のやり方」というよりは、人生の「歩み方」なのかもしれないけど。つまり死んでからのためにも、死ぬまでが勉強なのだ。

# Kダブシャインの
# 教育大国化アジェンダ
## この国で個人が自立するために

**1.**「自由」を教科化。
小学校高学年から
「民主主義」を教える。

**2.** 中学・高校の
教室制度を廃止する。

**3.** 高校・大学受験制度を
改正する。

**4.** 教育カリキュラムを
国際化する。

誰もオレから奪えない　絶対オレよりオレを使えねえ
自分以外の誰かに支配されてはいない　その違い　理解

一見うまくいってそう最近　前よりましだとは言っても
なんの保証もねえこの先　それも戦争ってことだし
ただこの回り見るあたり　かなりオレ誘惑してくるもんばかり
誰にでも普通よくある物欲　思い出す過去味わった屈辱
自分幸せにするのなにか　わかんなくなるぜいつの間にか
金か力か　服か車か　いろんなやつ笑顔でくるなか
どいつがリアルかなんて　どうやって判定すりゃいいんだかわかんねえ

勘頼り　変なノリのやつから身守り　完全に居直り
ただ自分のままで居続ける
言いてえこと曲にぶつける　文句言われるの恐くて
オレポップなのやるほど弱くねえ
誰もオレより俺を奪えねえ　絶対俺より俺を使えねえ
自分以外の誰かに支配されてはいない　その違い　理解

――「オレはオレ」Kダブシャイン（2005年リリース『理由』収録）

# K《ケー》ダブシャインの学問《がくもん》のすゝめ

二〇二三年六月一九日　第一刷発行

著者　K《ケー》ダブシャイン



発行者　太田克史《おおたかつし》

編集担当　築地教介《つきじきょうすけ》

アートディレクター　吉岡秀典《よしおかひでのり》（セプテンバーカウボーイ）

デザイナー　五十嵐《いがらし》ユミ

フォントディレクター　紺野慎一《こんのしんいち》

校閲　鷗来堂《おうらいどう》

発行所　株式会社星海社
〒一一二-〇〇一三
東京都文京区音羽一-一七-一四　音羽YKビル四階
電話　〇三-六九〇二-一七三〇
FAX　〇三-六九〇二-一七三一
https://www.seikaisha.co.jp

発売元　株式会社講談社
〒一一二-八〇〇一
東京都文京区音羽二-一二-二一
（販売）〇三-五三九五-五八一七
（業務）〇三-五三九五-三六一五

印刷所　凸版印刷株式会社

製本所　株式会社国宝社



ISBN978-4-06-532626-8

Printed in Japan

JASRAC 出 2303884-301
NexTone　PB000053903号

262
SEIKAISHA SHINSHO

次世代による次世代のための

# 武器としての教養
# 星海社新書

星海社新書は、困難な時代にあっても前向きに自分の人生を切り開いていこうとする次世代の人間に向けて、ここに創刊いたします。本の力を思いきり信じて、みなさんと一緒に新しい時代の新しい価値観を創っていきたい。若い力で、世界を変えていきたいのです。

本には、その力があります。読者であるあなたが、そこから何かを読み取り、それを自らの血肉にすることができれば、一冊の本の存在によって、あなたの人生は一瞬にして変わってしまうでしょう。思考が変われば行動が変わり、行動が変われば生き方が変わります。著者をはじめ、本作りに関わる多くの人の想いがそのまま形となった、文化的遺伝子としての本には、大げさではなく、それだけの力が宿っていると思うのです。

沈下していく地盤の上で、他のみんなと一緒に身動きが取れないまま、大きな穴へと落ちていくのか？　それとも、重力に逆らって立ち上がり、前を向いて最前線で戦っていくことを選ぶのか？

星海社新書の目的は、戦うことを選んだ次世代の仲間たちに「武器としての教養」をくばることです。知的好奇心を満たすだけでなく、自らの力で未来を切り開いていくための〝武器〟としても使える知のかたちを、シリーズとしてまとめていきたいと思います。

2011年9月

星海社新書初代編集長　柿内芳文

SEIKAISHA SHINSHO